... Der Frühling hat dich nicht vergessen,
er sammelt dir alles in seinem Heckenversteck,
alles, was nistet und wächst.

Für dich meine Tochter

Für deine Schwester

Für deinen Vater

Impressum:

© 2018 Alice Pyrole

Skulptur auf dem Titelblatt von Hubert Bienek

Skizzen und Abbildungen von Rosanna © Alice Pyrole

Layout Buchblock und Umschlag: Angelika Fleckenstein; spotsrock.de

Verlag und Druck: tradition GmbH, Halenreie 40-44, 22359 Hamburg

ISBN: 978-3-7439-8841-5 (Paperback)
         978-3-7439-8842-2 (Hardcover)
         978-3-7439-8843-9 (e-Book)

Bibliografische Information der Deutschen Nationalbibliothek: Die Deutsche Nationalbibliothek verzeichnet diese Publikation in der Deutschen Nationalbibliografie; detaillierte bibliografische Daten sind im Internet über http://dnb.d-nb.de abrufbar.

Alice Pyrole

Der Frühling

hat dich nicht vergessen

Zum Buch

Vor sechzehn Jahren ist unsere Tochter auf der Heimreise aus den Ferien tödlich verunfallt, zusammen mit ihrer Freundin. Es war am Abend vor ihrem 25. Geburtstag.

Der folgende Text beschreibt den Weg, den wir in den ersten Jahren nach Rosannas plötzlichem Tod gegangen sind. Er zeichnet Spuren nach: Tränen, Blüten, Träume … und ist als inneres Gespräch an meine Tochter gerichtet. Die Aufzeichnungen lassen ihre Persönlichkeit nochmals aufscheinen. Deshalb möchte ich sie nach dieser langen Zeit auch anderen Menschen zugänglich machen.

Das Kapitel «Geburt» und «Sterben» habe ich nach drei Jahren aus der Erinnerung geschrieben. Die weiteren Kapitel sind Passagen aus meinem Tagebuch der ersten Jahre.

Der Text ist absichtslos geschrieben. Er dokumentiert eine persönliche Erfahrung, die unser Leben von Grund auf erschüttert hat.

Die Namen von Personen und Orten sind geändert.

Herbst 2017

Inhaltsverzeichnis

Geburt

Kuckucksnelkenlicht

Heute will ich anfangen, Rosanna.

Nichts erhält die Erlaubnis, mich abzuhalten.

Wie du zu uns gekommen bist, will ich aufschreiben, damals am 30. August 1976.

Es ging gegen Abend. Die Hügel lagen still im Blau. Nacht war bereits zu ahnen von der anderen Seite der Welt. Ein Bussard kreiste über dem Tal. Der Sommer hatte ausgeatmet.

Weit oben am Waldrand kniete ich im Brombeergestrüpp und pflückte die reifen Früchte. Die stacheligen Ranken zerkratzten mir die Hände. Süße war in der Luft.

In mir die Knospe war am Aufbrechen

Ich weinte und lachte, und der rote Saft klebte mir an Wangen und Händen.

Düsenjäger durchbrachen die Schallmauer noch und noch, und du hüpftest in mir wie ein verschrecktes Vögelchen. Ich streichelte dein Köpfchen unter der gespannten Haut. Stark fühlte ich mich und jung, als ginge ich nochmals meiner eigenen Geburt entgegen mit dir. Mit jeder Härte der Welt konnte ich es aufnehmen.

Ich nahm meinen Korb und ging, festlich gestimmt, im Flug fast, den Hügel hinab übers Feld. Schwarz glänzten die Dolden des Holunders am Tenn; die Sonnenblumen standen hoch und schwer am Zaun; ich tauchte mein Gesicht in den Brunnen und sprach mit dem Wasser, dass es mit mir deine Ankunft erwarte.

Ein Nachbar fuhr mich zur Klinik. Er sprach etwas verlegen von täglichen Dingen: Ob ich Zwetschgen bei ihm kaufen wolle zum Einmachen.

Ich hingegen war wie nie zuvor vollkommen in der Gegenwart angekommen. „Zwetschgen?“, sagte ich zu ihm. „Unser Kind kommt zur Welt.“

Ich war mit dir auf dem Weg ins Kuckucksnelkenlicht.

In wenigen Stunden warst du geboren. Leise klagend lagst du zwischen uns, deine Haut war bläulich. Du hattest die Nabelschnur um den Hals. Wir fragten nichts. Die Hebamme legte einen Sauerstoffschlauch neben dich. Bald sahst du rosig aus und atmetest ruhig. Nichts war dir zugestoßen, du warst gesund.

Als der Morgen dämmerte, lag ich am Fenster.

Ein Traum entglitt mir, von Kletterrosen und Licht auf einer alten Mauer.

Die Nachtschwester hatte Mozarts „Kleine Nachtmusik“ aufgelegt. So bist du gekommen, Anmut und Leichte war um dich, bis zuletzt; Lächeln auch, und ein fester, ernster Blick in die Ferne.

Sterben

Mistral

An 30. August 2001 kam ich am Abend von der Arbeit zurück in unsere Stadtwohnung. Ich machte mir ein belegtes Brot und biss hinein, als die Hausglocke schrillte. Vom Balkon im 4. Stock sah ich in der Tiefe ein schwarzes Auto glänzen. Zwei Polizisten stiegen aus und sahen zu mir herauf. Ich stürzte die vielen Treppen hinunter und schrie, als die Polizisten meinen Namen sagten: „Nein!", schrie ich. „Nein!"

„Doch", sagte der Polizist, „ein Schicksalsschlag, in Frankreich, gestern Abend um neun."

Rosanna

Ich ließ mich von dem Polizisten an der Hand die Treppe hinaufführen. Als wir auf dem Sofa sassen, sagte ich: „Sie hat heute Geburtstag."

Der Beamte blickte auf sein Formular. „Stimmt", sagte er. „Und gemäß den bisherigen Ermittlungen sind die drei jungen Frauen unschuldig am Unfall. Eine Frau Etter hat mit Verletzungen überlebt, eine Frau Berger ist auch gestorben."

„Aline", sagte etwas in meinem Kopf in eine unermessliche Leere hinein; Rosanna und Aline.

Die Polizisten fuhren mich zum Schulhaus, wo Andreas Konferenz hatte. „Wir haben es immer nur schön gehabt", hörte ich mich unaufhörlich zu den Polizisten sagen. „Wir haben es immer nur schön gehabt."

Wir fuhren am Sonnenblumenfeld vorbei zum Pausenplatz. Andreas wurde gerufen.

Wörter von Asche kamen aus meinem Mund. Kein Ton. Wir umarmten uns. Andreas weinte.

Wir gingen nach Hause, um es Selma zu sagen.

Nur mit Mühe brachten wir deine Schwester die Treppe hinauf. Sie blieb einfach stehen im Vorgarten, ihre Füße vergaßen das Gehen. Vor dem Gartentor dröhnte der Feierabendverkehr.

Andreas zündete eine Kerze an und lehnte ein Foto von dir daran, Rosanna: Lachend, mit schalkhafter Gebärde blickst du darauf. Dort, im Vorraum der Wohnung, verbrachten wir zu dritt die Nacht, auf dem kleinen Teppich kauernd.

„Sie ist hier, sie hilft uns", sagte Selma immer wieder.

Esther, meine Cousine kam in der Nacht mit ihrem Sohn Nils. Sie taten alles Notwendige ohne eine Frage. Sie holten deine Großmutter in W. ab. Später habe ich Kräutertee gekocht für alle; „Gute Laune-Tee", den du mir geschenkt hattest. Die Packung habe ich aufbewahrt.

Im Morgengrauen packten wir einen kleinen Koffer, legten Wäsche hinein und zwei kleine rumänische Holzkreuze. Ich zog das orangefarbene Sommerkleid an, das dir gefallen hat. Wir fuhren nach Frankreich.

Einige Tage später warf ich das belegte Brot in den Abfalleimer. Der Abdruck meiner Zähne war noch darin.

Um sechs Uhr nahmen wir den Bus zum Bahnhof, Rosanna: Andreas, Selma, deine Großmutter, ich.

Am Ausstieg sah ich die Metallstange mit meiner Hand daran.

Der Zug nach N. hatte Verspätung. Andreas kaufte Brot für uns. Wir fühlten die unerklärliche Pflicht, Fahrpläne zu lesen, die Zähne zu putzen, zu essen, zu atmen.

In N. gingen wir ins Bahnhofbuffet. Andreas stand in einer Nische am Fenster neben dem eisernen Heizkörper und wählte eine Nummer auf dem Handy.

Da sah ich dich als kleines Mädchen, Rosanna, kurz nachdem wir in das Internat in den Bergen gezogen waren. Du warst noch nicht drei Jahre alt:

Andreas war für ein paar Tage im Unterland gewesen. Von unserer Terrasse aus sahst du ihn unten auf dem Platz aus dem Auto steigen. „Papa", riefst du mit deiner hellen Kinderstimme, „Papa, Papa" und hüpftest mit federleichten Schrittchen den Gartenweg hinunter wie ein

Schmetterling. „Papa", riefst du auf jeder Treppenstufe, als würdest du erst jetzt dieser ersten Trennung gewahr, Schmerz und Freude flossen ineinander.

„Rosanna ist ja eine große Verehrerin von Papa", sagte eine ältere Frau, die neben mir stand.

Nun rief Andreas das Bestattungsamt an in Mont Sapin. „Oui, la petite, sagte er, „la petite, c'est notre fille, nous voulons la voir, nous arriverons à trois heures."

Die Welt wurde weiß von seinen Worten. Schnee war überall, darin stand dein Vater aufrecht, mit ausgebreiteten Armen wie damals, sein Kind zu empfangen.

Andreas' Bruder Daniel holte uns in N. mit dem Auto ab. „Natürlich fahren wir zusammen hin", hatte er am Telefon gesagt, „ich bin doch der Pate."

Ein Gefühl von Weihnachten stieg in mir auf. Immer hatten wir Weihnachten zusammen gefeiert: Daniel hatte mit euch Schwestern auf dem zugefrorenen Bergsee gespielt, voller Übermut und Gelächter. Er hatte dir ein türkisfarbenes Jeansjäckli geschenkt, das du am liebsten immer anbehalten hättest.

Es gibt ein Foto von dir aus dieser Zeit, als du etwa zehn oder elf Jahre alt warst; du stehst draußen auf der Treppe, dein feines Gesicht von der Schneeluft gerötet, blickst du kindlich und ernst zugleich.

„Sie war schön wie der lichte Tag", heißt es in den Märchen aus Südfrankreich.

Wir fuhren zusammen nach Mont Sapin. Selma saß zwischen uns, mit geöffneten Händen, als berge sie darin die Wärme deines Atems. Fallend hielten wir einander, es regnete leicht, die Luft war grau und mild. An einer Raststätte tranken wir Tee. Ich kaufte einen kleinen Plüschbären für dich. Ich überredete deine Großmutter, etwas Kuchen zu essen.

Vor Mont Sapin verließen wir die Autobahn. Wir fuhren auf einer geraden dreispurigen Straße mit Bodenwellen. Links lag südliches Land mit Trockenmauern, Minze und Thymian, rechts sah ich die Kühltürme des Atomkraftwerks. In seltsamer Ruhe ahnte ich den Ort.

Die Einrichtung des Bestattungsinstituts war hauptsächlich aus Marmor. Pokale und Kunstblumen aus Plastik waren aufgestellt. Die Luft war gleichsam neutral und ohne Temperatur.

„Hier würde es ihr nicht gefallen", sagte deine Schwester. Wir konnten uns nicht vorstellen, dass du hier irgendwo warst. Man bat uns, später wiederzukommen. Die Beamten sprachen leise. Sie gaben uns eine Zeitung mit dem Artikel und einem Bild vom Unfall.

Wir wollten zur Unfallstelle fahren.

In der Stadt kauften wir Kerzen, Straßenkreide und Blumen. Jeder von uns stellte einen eigenen Blumenstrauß zusammen, Rosen, Chrysanthemen, Lilien, Astern. Die Verkäuferin verstand schnell; sie erzählte von anderen Unfällen und gab uns faltbare Plastikvasen und Wasser in PET-Flaschen. Der Wind hatte die Regenwolken vertrieben, Sonnenlicht fiel in die Gassen. Viele Menschen in Ferienstimmung gingen an uns vorüber und lächelten uns zu. Sie glaubten, wir gingen zu einem Fest.

Ein kleines Sträßchen biegt von der Schnellstraße ab und führt die Anhöhe hinauf. Dort wurde euer kleiner Wagen hingeschleudert, hinter das Nebenstraßenschild.

Es war kaum etwas zu sehen; orange Markierungen der Polizei, ein paar Glas- und Kunststoffsplitter.

Ich sah deine Großmutter am Straßenrand sitzen, aufrecht und stumm im dürren Gras; jenseits der Schnellstraße standen die Kühltürme des Atomkraftwerks mit dem aufgemalten Riesenkind, das je nach Beleuchtung und Blickwinkel zur Fratze wurde. Davor hingebreitet glänzte ein See. Ein weißes Schiff glitt langsam darüber.

Motorenlärm durchschlug die Luft in kurzen unregelmäßigen Abständen, unerbittlich an- und abschwellend, unberechenbar wie eine eiserne Hand, die zuschlägt, wieder und wieder. In den Fetzchen aus Stille riefen wir uns Wörter zu.

Wir suchten den Boden ab. Wir fanden mehrere Bonbonpapierchen, den Deckel eines Konfitüreglases, zwei Tampons.

Selma hob eine kleine Trillerpfeife auf und blies hinein. Am Weihnachtstag waren wir alle zusammen im Kino gewesen. Der Film hieß: „Leben ist Pfeifen".

Die Kerzen erloschen immer wieder; der Mistral wehte. Wir schmückten den Ort mit Blumen und den rumänischen Holzkreuzen. Wir malten mit bunter Kreide eure Namen auf die Straße: Rosanna und Aline. Wir malten auch eine Sonne. Wir schwankten, als fielen wir aufwärts ins Gezweig der Schatten.

Etwas oberhalb der Unfallstelle hielt ein Auto. Ein Mann stieg aus, Monsieur M., der uns ernst und freundlich ansprach: Sein Freund sei Minuten später zu diesem Unfall gefahren, sagte er. Er habe erste Hilfe geleistet, ob wir mit ihm sprechen möchten, vielleicht könne es uns helfen. „Pour trouver la paix", sagte er.

Wir vereinbarten ein Treffen mit Monsieur M. in seinem Autobahnlokal „Les Trois Princesses". Sein Freund würde auch da sein.

Als wir zurückfuhren, war das Bestattungsinstitut geschlossen.

Wir suchten ein Hotelzimmer. Es war schwierig, weil Ferienzeit war, aber Daniel fand Platz für uns in einem alten Gasthof. Das Zimmer hatte Weite, die Gegenstände waren viel benützt und schienen uns vertraut, ohne glatte Oberflächen, die uns unerträglich waren. Hier war ein offener Klang zu dir, Rosanna, auf den wir aufspringen konnten wie auf eine Schaukel.

Am Abend trafen wir François im „Les Trois Princesses". Er war früher Sanitätsfahrer gewesen, ein kräftiger Mann mittleren Alters. Zufällig war er unmittelbar nach dem Unfall zu dieser Stelle gefahren. Zwanzig Minuten lang hatte er versucht, dich ins Leben zurück zu holen, bis der Krankenwagen eintraf. Doch du warst bereits zu hart und zu weit in diesen Himmel gefallen, zusammen mit Aline.

„Je pouvais rien faire", sagte er und sah uns an, schweigend, voll Trauer, als hätte er sein ganzes Leben in deiner Nähe verbracht. Wir hielten seine Hände, die zuletzt deine Wärme berührt hatten.

In der Nacht stampften Discorhythmen aus der Gasse herauf. Schluchzen verebbte. Schnee, gesterntes Weiß bedeckte die Augen. In deiner Halsbeuge duftend Land schlief ich ein.

Am Morgen war das Zimmer an der Lampe aufgehängt. Die vier eisernen Arme mit den Alabasterschalen hielten es leidlich.

Im Frühstücksraum stand ein altes Klavier. Der Deckel knarrte, als ihn deine Schwester hob. Die Tür stand offen. Unversehrt glitt die Arche in einem Meer aus Mohn, Himmel stieg aus der Tiefe, durchwurzelt mit Klang.

Ich sah Selmas Hände gleitend auf dem Schwarz und Weiß der Tasten und – hörbar ins Schweigen gezeichnet – Picassos Taube.

Selma stand auf, griff schluchzend ins Leere.

Eine dunkelhaarige Frau war im Zimmer und fegte die Fliesen. Sie schob den Eimer zur Seite und fing deine Schwester auf in ihren Armen. Lange hielt sie Selma fest und streng an den Rändern des Abgrunds.

„Oui", sagte sie dann, „oui, – et maintenant, c'est bon." Und reichte Selma die Tasse mit dem erkalteten Tee.

Sie wrang den Lappen aus und fegte weiter.

Die Sirene eines Krankenwagens kam klagend aus sehr großer Ferne.

Die Putzfrau hieß Fatma. Ihr Sohn war mit zwanzig Jahren von der Polizei erschossen worden.

Das Bestattungsinstitut öffnete erst am Mittag.

Wir verbrachten einige Stunden auf dem Friedhof im Schatten der alten Bäume. Die Kirche „Maria Rosa Mystica" war geschlossen. Ich dachte an Christof. Vor einem Jahr hatten wir an seinem Todestag eine Kerze für ihn angezündet, in einer Kirche in den Bergen, die dieser Jungfrau geweiht ist.

Wie glücklich bist du gewesen in jenen Monaten, Rosanna, als du in Kanada auf der Farm von Christof und Elisabeth gearbeitet hast. Als du wieder nach Hause kamst, ließest du Heimat zurück und hattest zu dir selber gefunden, zur Erde und zum Feuer, zum Kuckucksnelkenlicht.

Die Grabstätten offenbarten den Wind und die Trockenheit der Gegend. Die alten Steine waren voller Flechten und Schrunden. Aus der harten Erde wuchs vereinzelt Buchs und Weißdorn. Verblichene Kunstblumen waren spärlich aufgestellt und belebten das karge Grün.

Deine Großmutter, Rosanna, sprach in ihrer Verzweiflung von einer Grablaterne, die sie kaufen wolle für dich. Ich hingegen antwortete schroff und kalt. Wie sollte ich je lernen, solche Dinge für dich auszusuchen?

Noch tastete ich mich rückwärts hinaus aus dieser Nacht. Noch stand ich an den Auslagen mit den bunten Perlen und silbernen Fußkettchen. Ich berührte den duftigen Regenbogen aus seidenen Tüchern, die am Marktstand flatterten. In der Lyrikecke eines dunklen Antiquariats suchte ich nach einem Gedichtband für dich, und an den zierlichen Tischen am Fluss aßen wir zusammen; warme Pannini mit Olivenöl und Tomaten.

Wir fuhren nochmals zur Unfallstelle. Wir hielten einander an den Händen und Selma sang sehr leise ein brasilianisches Kinderlied. Da hob ein Lüftchen den farbigen Kreidestaub der gemalten Spirale handbreit hoch und senkte ihn exakt auf der gleichen Stelle wieder auf den Asphalt. „Hast du gesehen?", wollten wir fragen und schweigen.

Wir gingen zum Steinbruch hinauf, der wie eine Arena in den Hügel geschlagen ist. Mauersegler wohnten in den hohen Schründen. Patronenhülsen und rostige Stangen lagen herum, ein Truppenübungsplatz. Wir sammelten Hunderte leerer weißer Schneckenhäuschen, Thymian, Steine, Bruchsteine und legten sie in Daniels Auto. Andreas brach einen Zweig von den niedrigen Eichen am Weg.

Zum Mittagessen gingen wir ins „Les Trois Princesses". Der Kellner wollte das sechste Gedeck entfernen. Ich bat ihn, es zu lassen. Wir saßen am runden Tisch, im offenbaren Geheimnis deiner Ferne. Auf dem Teller lagen kleine Fischstücke und Spinat.

Am Nachmittag hatte das Bestattungsinstitut geöffnet.

Entgegen François' Rat ging Andreas zusammen mit seinem Bruder ins Untergeschoss, um dich zu sehen, Rosanna.

„Ihr könnt kommen", sagte er, „sie sieht schön aus." Wir stiegen die Treppe hinunter, wo es kalt war.

Sie hatten ein weißes Tuch über dich gebreitet und dir deine Kette aus Silber und Türkissteinen wieder umgelegt. Deine Haare waren streng zurück gebürstet. Dein linkes Auge war verbunden.

Mut und eine fremde, entsetzliche Größe sprach aus deinem schönen Gesicht.

Du hattest es kommen sehen.

Andreas legte den Eichenzweig auf deine Brust.

> *„... in meinem Herzen ist eine Stelle,*
> *da blüht nichts mehr."*
>
> (Ricarda Huch)

Wir fuhren zurück. „Jeanne d' Arc", sagten wir zueinander, „wie Jeanne d' Arc."

Wir duckten uns in die Wärme von Daniels Auto. Ich wollte nie mehr aussteigen.

Dann verlor ich die Tränen. Das Herz war eingegipst. Ein böses Lachen hockte in der Luft. Die Brücke hatte den Fluss verlassen und ragte rückwärts ohne Sinn.

Der Sommer war von der Erde abgebrochen.

Jemand reichte mir Brot. Jemand sagte: „Iss." Ich aß und weinte, ich aß und aß und weinte. Selma war wie in ein weißes Lied gehüllt.

In N. nahmen wir den Zug. Wir saßen im Bistrowagen. Wir erzählten allen von dir, Rosanna, dem Schaffner und vielen anderen fremden Menschen. Trotzig muteten wir ihnen unser Entsetzen zu, ihnen, die zum Feierabend fuhren.

Wir riefen Freunde an, die zwei Kinder verloren hatten. Wir suchten Verbündete auf.

Als wir spätabends nach Hause kamen, war mir, als kämest du mir entgegen, Rosanna.

Auf den Wellen meiner Müdigkeit fandest du Einlass.

Bilder von unserem letzten Wochenende zogen nochmals an mir vorbei: Du hattest dein violettes Samtkleid angezogen. „Wie zu einem Fest", hat dein Freund später gesagt. Du trugst gerne ein Kleid über langen Hosen. Das Verspielte passte gut zu dir, und lebhafte Farben: violett, orange, gelb. Andreas machte Fotos von dir. Marc war auch mitgekommen. Nach dem Essen machten wir einen „Giro" durch die Stadt. Dieses Wort hatten wir von Antonio übernommen, der in der ärmlichen Mansarde unseres Miethauses gewohnt hatte und vor einem halben Jahr an Krebs gestorben war.

Auf der Straße sahen dir die Leute nach. Strahlend gingst du in der Dämmerung. – *„Schön wie der lichte Tag",* heißt es in den Märchen aus Südfrankreich.

Eigentlich wollten wir irgendwo einkehren und zusammen Eis essen, und ließen es dann doch.

Am Morgen fragte ich dich, wie du geschlafen habest. „Sehr gut", sagtest du mit Nachdruck. Diese zwei Worte haben noch den vollen Klang deiner Stimme für mich; ich kann sie jederzeit aufwecken wie eine Glocke, die man anschlägt.

Auf dem Balkon pflücktest du ein Zweiglein Minze für den Tee. Etwas Verzagtes huschte durch unsere Gespräche, als wäre etwas am Welken, und wir sähen weg.

Halb auf der Treppe umarmten wir uns. Vom Balkon aus sahen wir dir nach. Du winktest herauf.

„Ganz gut geht es ihr nicht!", sagte Andreas zu mir …

Mit diesen Erinnerungen schlief ich ein.

„Das hatten wir auch", sagten jene Freunde zu uns, „aus Angst vor dem Aufwachen konnten wir nicht einschlafen." Sie haben zwei ihrer Söhne verloren, in deinem Alter. Sie kamen am Sonntag und brachten Sonnenblumen mit.

Sie suchten uns auf an diesem unsäglichen Ort, wo es kein Hoffen gibt, kein Feilschen mit höheren Mächten um ein letztes Wort, keine Rückkehr ins Vertraute.

Nichts erwartend warteten sie. Sie legten ein Wort in die Mitte, dass es zu finden wäre für uns.

Die Tage stellten Forderungen. Andreas war viel am Telefon und erledigte die formellen Dinge. Wir tasteten unseren eigenen Schritten nach, die uns vorausgingen.

Eine Freundin brachte uns einen Spruch der Navajos Indianer, der aus dir kam:

„Ich war am Ende der Welt,

ich war am Ende des Wassers,

ich war am Ende des Himmels,

ich war am Ende der Berge,

ich habe niemanden gefunden,

der nicht mein Freund war."

Wir setzten diesen Spruch auf deine Todesanzeige, zusammen mit der Feder des jungen Adlers. Wir schrieben Adressen.

Wir fuhren nach W. in eure WG. Marc gab mir den Schal aus Kaschmirwolle, den er dir zu Weihnachten geschenkt hatte. Hier hast du gelebt, hast Freunde empfangen und die Stille gesucht. Bei unserem letzten Besuch hast du mir dein Kräuterbeet gezeigt und das Badezimmer, das einladend duftete. „Es ist mein Ämtli", hast du nicht ohne Stolz zu deiner Mutter gesagt. Im Garten der WG brannte ein Feuer. Wir setzten uns zu den jungen Leuten. Marc schenkte uns Tee ein.

„Die Kinder in der Spielgruppe gehen so gut damit um, heute haben sie ‚tot' gespielt!", sagte eine junge Frau.

Ich wandte mich zum Gehen. Irrsinn war mir auf den Fersen.

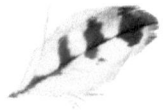

Karma shadup

In unserer Wohnung war ein Singen und Funkeln aus dem All.

Selma zähmte den Vogel, der kreischte im Hof, den Vogel „Niemalsmehr", der seine Märchen verlassen hatte.

Auf unserem Esstisch legte sie ein Bild für dich aus den weißen Schneckenhäuschen, den Wurzeln und Steinen von der Unfallstelle; ein Meer von Teelichtern schwebte darin.

Tag und Nacht brannte die hohe Osterkerze, die uns vor Jahren jemand geschenkt hatte aus einer Pfarrei, und die wir in besonderen Momenten entzündeten. Sie brannte nieder bis auf den Grund.

Selma hängte Fotos auf von dir und kleine Gegenstände. Sie verwandelte die Wände in hängende Gärten, aus denen du uns lachend, tanzend und sinnend entgegenkamst. Aus unermesslicher Nähe spiegelten sie uns deine Träume herüber.

Menschen gingen durchs Zimmer, still, mit schweigenden Füßen.

Wir sahen dich wieder, in den Sarg aus roher Fichte gebettet, den wir im Internet ausgesucht hatten. Die Strenge war aus deinen Zügen gewichen. Du warst ganz Antlitz geworden, als hättest du nie „nein" sagen wollen, angesichts jener berstenden Sommernacht.

Andreas suchte an der professionellen Glätte des Bestatters zu kratzen. Seine Milde machte uns unruhig. Andreas gab ihm die Hand und erzählte ihm von dir. Er fragte ihn nach seinen Kindern.

Wir wünschten uns Sonnenblumen als Sargschmuck. Kornähren waren nicht aufzutreiben.

Ein hoher Raum im Gemeindehaus war eben für den Umbau vorbereitet worden. Mauern und Fußboden waren nackt und rau mit Spuren von Tünche. Zukunft wohnte darin; Risse und Brüche für jenes Licht, von dem Leonard Cohen singt. Dort bereiteten deine jungen Freunde die Abschiedsfeier vor für dich, Rosanna. Sie öffneten Türen und Fenster, ein verschämtes Hoffen stahl sich herein mit dem Wind. Sie flochten ein Dichtwerk aus Zweigen, Rinden und Steinen. Ein uraltes Flussbett lieh uns sein Ohr. Innen wurde Nacht entzündet. Deine Freundin Eva leitete die Feier, auf ihren Füßen saß dein Patenkind. Dort trug sie uns alle flussüber.

Der große Saal war voller Menschen; und da war doch Raum zu tanzen, zu singen, zu weinen, zu sprechen, zu schweigen. Ein Klavier war hergetragen worden für Selma, nur für dieses eine, euer gemeinsames Lied.

Andreas spielte auf seiner Gitarre für dich. So war es immer gewesen. Er sprach mit dir und du warst in seinen Worten.

Ich las ein Gedicht von Nelly Sachs:

„... Tänzerin

kreißende Wöchnerin

du allein

trägst an verborgener Nabelschnur an deinem Leib

den Gott vererbten Zwillingsschmuck von Tod und Geburt."

Auf dem Heimweg sah ich dich als Braut, sah ein erleuchtetes Boot Kreise ziehen messerscharf, im Fleisch der stürzenden Frucht.

Zuvor in der Kirche hatte die Pfarrerin von deiner Kindheit gesprochen, von den Bergen, vom Wildbach, und wie du das Feuer geliebt hast und die Samen bergende Erde.

Wir hatten nichts aufgeschrieben. „Ich habe sie hier", sagte die Pfarrerin und berührte ihr Herz.

Ein Freund spielte auf der Geige: „Karma shadub", tanzender Stern.

Deine Geige, Rosanna, war nach dem Unfall unversehrt.

Ein psychisch kranker Mann legte ein Kreuz aus Lamettasilber auf die Altarstufen. Wir sahen erst jetzt, was du den Menschen bedeutet hast. Hunderte waren gekommen, bunt gekleidet, still, mit wilden Blumen in den Armen. Wie nie zuvor wurdest du uns sichtbar in deinen Freunden.

Bei deiner Urnenbestattung waren wir wenige. Wir warteten im Regen. Marc sprach ein indianisches Gedicht von der Mutter Erde. Sonnenlicht brach plötzlich aus den Wolken. „Die Sonne hat auch ‚Ja' gesagt", sprach die Pfarrerin. Ich stellte mich taub.

In unserer kleinen Küche hatte ich den Tisch gedeckt wie für dich: Käse, Oliven und Brot. Gespräche kamen auf, Splitter von Normalität. Welt raste durchs Zimmer, im Schafspelz die Zähne fletschend. Sturm fiel deine Schwester an, wollte sich festkrallen. Jemand ergriff ihre Schultern, das Schluchzen heraus zu schütteln, taumelte selber und schrie.

Einwärts

schwebend im blau

die weiße Feder,

Wort im Wort,

das Wunder des leeren Raums,

der uns aufnahm in jeglicher Form.

Wir weinten.

Nach deiner Bestattung, Rosanna, fuhren wir nach Z. Wir feierten Abschied von Aline in der großen Kirche auf dem Hügel. Eure Freunde waren wiedergekommen. Schon im Zug waren wir ihnen begegnet. Sehr viele, uns unbekannte Menschen aus dem Kreis der Familie warteten am Tor.

Die Sonnenblumen sahen Herbst, das Fallen der Blätter war leise eingeleitet. Jenseits der schmerzenden Klarheit wartete Wind.

Dunkelgrünes Geläut und Alines Eltern darinnen; Mutter, Vater, Schwester – wie bei uns. Wir waren einander bekannt. Ihr hattet zu euren fröhlichen Festen immer eure Familien eingeladen. Ihr wart so sicher auf eurem eigenen Weg, dass ihr keine künstlichen Grenzen brauchtet, wie wir in unserer Jugend.

Was hier von Aline zu sagen ist: Eine Seiltänzerin, auch sie, rein, lächelnd bis in die Fingerspitzen, hingegeben dem Jetzt, weckte sie in jedem die Sehnsucht, unvermittelt aufzubrechen ins wirkliche Leben.

Erstes Jahr

1. Tagebucheintrag

9. September 2001

Rosocco ist gestorben

Flugsamen

September

Das „Nein"
hat keine Bedeutung,
es schreit da draußen im Fels.
Auf dem Kühlturm rechts ist ein Riesenkind gemalt.
Hier ist mein Kind durch eine Tür aus Blech in den Himmel gefallen.

Dein Engelshaar blieb unversehrt,
nur der Stern auf deiner Stirn ist ins Kreisen geraten.

Das Nein trampelt sich zu Tode,
es ist in allem, allem, allem
Brüllendes Licht hat den Sommer verschlungen,
eisiges Gold in den Wäldern.
der Bus fährt, der Bus fährt wie immer,
der schreckliche Bus, kein Wort, kein Wort.

Mir träumte, Rosanna,
mir träumte von dir.
   *Du wolltest kommen und ich ging dir entgegen. Ich traf dich in den
Bergen, im Schnee gingen Leute, sie sagten, du seiest früher abgestiegen,
du habest den direkten Weg genommen.*

Wir sind im Zug. Wir fahren nach Mont Sapin. Es ist sechs Uhr und
noch Nacht.
Wir holen deine Sachen; den Beutel aus Schafwolle, Wäsche, deine
Geige.

Du große Frau, du zarte Sternenblume, du Schmetterlingslicht, du mein Ungeborenes im Brombeerwald.

Wir schreiben Wiegenlieder in die Luft. Dämmerung berührt das Reh.

Rückweg Rosanna, tragend: einen deiner roten Schuhe, ein buntes Tuch, Feuerstäbe zum Jonglieren, Öl, Blech, Sprit, Brot, dein Geburtstagskuchen mit den Kerzen ist zerbrochen.

Die Fahrerin des Peugeot ist in Untersuchungshaft.

Die Sonne brennt im strengen Wind.

Blut ist auf den Taschen.

Wir warten und schreien ohne Ton.

Wir halten deine Geige, deine Geige, Rosanna, die unversehrt ist.

Wir essen Käsekuchen.

Wir schlucken und sprechen zu den Spatzen, die auf dem Boden picken.

Wir schreien und schlucken, immer umarmt.

Wir zerren eure Taschen durchs Abteil, Rosanna und Aline.

Dankbar zu sitzen, nichts weiter.

Ans Unheil gefesselt.

Selma, Andreas, ich.

Elisabeths Geburtstag.

Türme brennen in Amerika.

Du bist immer noch gestorben.

Die Buchstaben sind immer noch lesbar und dort auf der Schnellstraße, du, verletzt, tödlich.

Und weiße Schiffe gleiten auf dem See, als ob du noch lebtest und lächeln könntest ob der weißen Schiffe vor den Kühltürmen des Atomkraftwerks.

„Es gibt ein Wiedersehn" steht auf einem fremden Grabstein.

Dein Name steht auf einem Kreuz aus Holz.

Ich will jetzt fort von mir sein, ich weiß nichts, ich drehe mich einfach um, leise, und gehe und lasse mich zurück.

Ich weiß dich, ich suche dich, sicher hast du dich versteckt am ausgefransten Ende dieses Alptraums.

Verzeih mir, Rosanna, liebstes Kind.

Wir fahren in den Süden, zu Manda, zu deiner Lehrerin, die dich erkannt hat, zu deinen Freunden, mit ihnen warst du auf dem Weg.

„Sie war vorbereitet", habe ich zur Pfarrerin gesagt am ersten Abend. „Sie hat täglich meditiert und war doch mitten im Leben."

Wir sind im Zug. Es wird Lärm gemacht, und Rauch und Späße.

Andreas ist so blass, und Selma.

Die Seen sind aus Stahl, kein Regenbogen.

Überall Organe und Gehirne mit Gedanken, knallblaue Gedanken und bemalte Nägel.

Laufen, will ich, laufen, laufen, laufen einfach.

Ich will blind sein, dich zu sehen.

Manda empfing uns, umarmte uns, gab uns wollene Hausschuhe.

Kein Wort zu viel.

Ein Mann brachte uns zu essen, warme Linsensuppe.

Manda saß und nähte.

Wieder sangen wir deinen Abschied, Trommeln und Stille und du, hier.

Der 29. August ist der Tag von Johannes dem Täufer.

Ich tanzte. Ich will nichts unterlassen, worin die geringste Möglichkeit deiner Berührung ist.

In der Frühe hörte ich ein lang gezogenes Klagen.

„Horch", sagte ich, „sie haben schon begonnen mit der Meditation."

„Nein, ach nein, die Schäferhunde jaulen im Garten."

Zum ersten Mal wieder, Rosanna, mussten wir lachen.

Nachmittag

Wieder dieses Weiß, das um Selma ist, sie kniet im Schatten des Wassers.

Wir sitzen am Hügel. Ich gehe aus dem Kreis, ich lasse nichts Tröstliches aufkommen.

Der Wind ist nicht mehr der Wind. Ich weine um deine Stimme, Rosanna.

Die Passionsblumen blühen um Mandas Haus.

Ich weine um den Geruch deines Körpers, um den kleinen Schmerz und das Fieber, um deinen Atem, um die feinen Gebärden deiner Hände, um die Anmut deiner Füße. Im Kleinen ist eine neue schreckliche Erhabenheit.

Ein Pferd blickt mich an im Geröll.

Erlkönigs Töchter ... „... ich liebe dich, mich reizt deine schöne Gestalt ..." Im Sommer kam der Herbst und holte rückwärts aus.

Ich verstehe plötzlich die ganze Kraft deiner Aufmerksamkeit, wenn dir jemand seine Sorgen klagte. Ich denke an ein Buch von Simone Weil über die Aufmerksamkeit und die Gottesliebe.

Für Rosanna

In schmerzenden Kreisen
versinkt die Erde.
Jeder neue Tag trifft das Herz
und zerbricht.
Alle Dinge werden mit Tränen
neu getauft,
und unsere Augen suchen vergeblich –
nach vergangenen Worten.
Unsere zerbrechlichen Hände
tasten die Luft ab
bis wir von euren gefunden werden.
Dankend umfassen wir die hellen Kreise
die ihr um uns zieht.

Selma

Zu Hause, wieder.

Auf dem Glastisch liegen schwere Steine von der Unfallstelle, und Thymian und Staub.

„Was ist denn bei euch passiert?", hat der Briefträger gefragt.

Hunderte von Briefen sind angekommen. Wir sitzen auf dem Sofa und lesen die Briefe, jedes Wort, Rosanna, ganz dir zugewandt. Erschrocken werde ich gewahr, dass ich atme. Ich frage mich, warum ich nicht tot umgefallen bin im Augenblick jener Nachricht.

Ich spüre das Gewicht des Hausdachs auf den Mauern.

Wort um Wort wird nach dir abgetastet, geprüft, endgültig. Dein Name wird Waagschale für jeden Schritt, den wir ins Fremde schicken. Die Birken tanzen um den Schalenstein. Wir entziffern die Nachtfalterschrift auf dem blanken Fels. Aufrechten Schlaf bescherst du uns.

Wir waschen dein weißes goldbesticktes Baumwolltuch, das im Auto war. Das Spülwasser hat Geruch von Blut. Hierher sind wir umgezogen. Wir hocken unter der Stundenwurzel, die Glocken brennen im Ohr, wie Weihnachten ohne Weihnachten, die Nacht ist ausgelöscht. Wir verstummen in die Antwort hinein, Blau ist im Blau ist im Blau, die Blume entfernt sich aus sich selbst, Meer ist im Meer ist im Meer ist im Meer.

Immer noch September

Nicht aus nicht ein weiß ich. Da ist nichts, was gewollt werden könnte.

Überall ist es zu hell und das Licht schmerzt auf der Haut bis alles blind ist.

Ich liebe dich.

Ich sage: „Nun regnet es endlich" oder „Fegbürste, wir brauchen eine neue Fegbürste", und stecke die Finger zwischen die Borsten bis aufs Holz.

Ich will es meiner Mutter sagen. Jetzt, jetzt muss sie bei mir sein und nicht gestorben. Sie weiß es, ich will es ihr sagen, weil sie es weiß, als einzige. Wie sehr hat dich Mutter geliebt! Ob sie dich dort erwartet hat wie ein vertrautes Streicheln der Wolke? Oder vielleicht hat sie einen

Engel geschickt mit einem vergoldeten Flügel? Oder sie ruft dich, „Rosanna", in zärtlichem Dreiklang?

Der Riss kommt von innen und glüht herauf aus der Mitte.

Sie sagen, der Regen sei jetzt unsichtbar für dich. Nichts kann für wahr genommen werden, was gesagt wird.

Da ist kein Weg.

Aber ich gehe.

Nichts ist wirklich, außer dieser Bewegung des Gehens in deine Richtung.

Die Falle kracht und kracht.

Dein Sterben, Rosanna, geschieht uns täglich neu.

Es geht nicht an, zu fragen „warum?" oder „warum du?" Das Fragen und Erklären ist der Größe dieser Nacht nicht angemessen.

Ich träumte, ich pflückte gesprungene Kirschen; Körbe voll gespaltener, schwarz glänzender Kirschen, ich legte meine Finger in die ausgetrockneten Kerben.

Tanzen, tanzen, tot mich tanzen will ich.

Vier Wochen, Rosanna.

Wir haben gelernt, vorher zu sagen und nachher: Der Krug von vorher birgt das Nachher, ohne Aufhebens wird diese schwarze Milch eingeschenkt.

Alles findet sich ein in diesem Nachher; der Stuhl, der Tisch, die Kassiererin im Supermarkt samt Schürze, Namensschild und Grußwort, der Fluglärm, Verkehrsampeln und Spatzen, das Fehlen der Schwalben, die schon vor längerer Zeit südwärts gezogen sind und Blumenkohl, Blumenkohl mit weißer Sauce und Zitronensaft.

Auf dem Weg zum Friedhof hat mir im Bus ein Kind zugelächelt. Ein kleiner dunkelhäutiger Knabe machte das „gugus dada"-Spiel mit mir, wie es sonst die Erwachsenen mit kleinen Kindern tun. Es war eine Vertauschung der Rollen. Der Knabe versteckte sich und lächelte mir zu, versteckte sich und lächelte, versteckte sich und lächelte ... bis ich zurück lächelte, Rosanna, ich konnte nicht anders.

Ein Irrläufer bin ich, ein Blindgänger zischend im Fensterlosen.

Sie sind doch genug da drüben!

Dein Ort ist doch hier auf den warmen Steinen am Fluss.

Der Tisch ist gedeckt, und der Kamm hat noch helles Haar von dir.

Ich schäme mich.

Sie sagen, ich tu dir weh mit meiner Qual.

Die Tage fallen über die Wehrlosen her, ich schüttle die Stunden ab, ich trete knirschend Käfer tot bei jedem Schritt. In der Nacht schlafe ich mit deinem Schaffell im Arm. „Schläfst du jetzt immer so?", hat Andreas gefragt.

Selma hat mir einen dicken Hasengeist aus Plüsch geschenkt.

Ich koche für uns. Sehr sorgfältig rühre ich Kartoffelbrei. Keiner kann dem andern geben, was ihm fehlt.

„Schlafe, schlaf Kindlein, schlaf."

Abbé St. Joseph, *immer noch September*

Wer streut dieses Licht mir ins Auge?

Die Milchstraße bohrt sich durch die Netzhaut.

Das Nussfleisch ist noch feucht in der Schale, Rosanna.

Die Glut pfeift.

Weißglut.

Das Leben ist Pfeifen.

Und Pfeifen und Pfeifen und Pfeifen und ...

Über den Erlen am Fluss kreisen die Weihe und schreien.

Wehen einer fernen Göttin, Niederkunft vom All.

Die Pferderücken glänzen, die Zitterpappeln verharren reglos.

Die Sonne ist eine Wunde im Blau.

Die schwarzblütige Ähre steht prall.

Das Licht ist reif, im Licht ist es tödlich, die Akeleien treiben Herbst.

Das Tier wächst am Himmel.

Der Strahl ist zerbrochen.

Ich kehre euch den Rücken, ihr Mitgefühle, ich ziehe von Handschlag zu Handschlag und lache wie ein Ungeheuer.

Ich bin glatt und sanft wie Styropor, gekörnt und verschlossen, restlos nachgiebig, ein Hülsengeschöpf. Ich sitze in Sitzungen.

Das Herz klammert sich unermüdlich an mich, presst mich zurück ins Fleisch.

Da bist du, Rosanna, du hast recht, es muss doch allen gesagt sein.

Ich schreibe deinem Geigenlehrer, ich rücke dich den Hiesigen ins richtige Licht.

Selma hat dich gezeichnet: Mit geschlossenen Augen blickst du nach innen.

Wir kopieren dieses Bild zusammen mit dem Ephides-Gedicht, für die Danksagungen.

Ich sitze am Tisch und schreibe dich herbei, Rosanna. Hunderte von Briefen schreibe ich, schreibe Dankesworte und Erinnerungen von dir. Fast glücklich bin ich beim Schreiben, als kämest du in dieser kleinen Bewegung des Stifts auf dem Briefpapier nach Hause.

Alle Menschen, denen ich schreibe, sehe ich vor mir, wie sie meine Worte lesen.

Ihre Gedanken sind Flugsamen in diesem kleinen Wind.

Andreas liest dir aus dem „Patanjali"-Buch vor, das du ihm zu Weihnachten geschenkt hast.

Ich lese von Hilde Domin aus „Rückkehr der Schiffe":

„... dein Traum

hat Herbstaugen."

Wir stehen an deinem Grab, Rosanna, und wenn gerade niemand da ist, lesen wir laut. Manchmal vertraue ich darauf, dass dir aus dem Schattenbild unserer Stimmen Wirklichkeit erscheint.

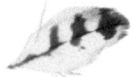

Erdäpfel

Weiße Fluh, Oktober

Wir sind in die Berge gefahren, Andreas, Selma und ich. Überall wartest du schon auf uns; lächelnd, still, tanzend, ernst, verletzt auch. Wir klettern am steilen Hang.

In der Waldschneise steht ein roter „Döschwo", das Unfallauto unberührt vom Unfall. Jemand wird einsteigen und sterben, mit Sicherheit.

Alle sind schon eingestiegen.

Ein kleines Haus steht für uns auf der Wiese. Gut, dass Herbst ist, klingender Herbst mit Berberitzen und Mückenwolken. Ein Aufatmen kommt zu Besuch, ein leises Lachen hinter dem Haus. Selma unterhält sich mit den Kühen in ihrer weißen Sprache.

Die Erde bebt von deiner Asche, Rosanna.

Urfern weint mein Muschelkind. Der Wortkeim ist verschlossen, frei streifen Blätter und Wölfe durch die vergessene Stadt. Du bist in deinem Vater, du bist in deiner Schwester. Sie atmen dich ein, sie atmen dich aus.

Erdrauch überwächst die Mulde, darin du ruhst in der Liebe; an der Brust des Jünglings, der nicht weiß, dass diese Nacht dein ganzes Leben ist.

Blitze wachsen aus der Erde, Lichtadern zuckend für Gott.

Dein helles Haar, immer dein helles Haar möchte ich streicheln.

Ich lass mir Perlenketten durch die Hände rinnen, Rosenkranz, Totentanz auf deinem gestorbenen Leib.

Das „Nie" breitet sich aus in mir. Es ist in meinem Mund, wenn ich esse, will endlos zerkaut und geschmeckt werden. Nie mehr umarmbar deine zierliche Gestalt, dein Antlitz nicht fassbar, in Tränenstein gemauert.

Wärst du doch ausgewandert ans Ende der Welt und ich sähe dich nie mehr im Leben. Danken wollte ich und knien nur für diese Gewissheit: du bist auf der Erde.

Die Biene erstarrt in der welkenden Blüte, stummes Pelzchen schwarz und braun.

Kinderreigen kreisen im Kopf:

„Goldne goldne Brücke, wer hat dich, wer hat dich denn zerbrochen,
der Goldschmied, der Goldschmied mit seiner jüngsten Tochter,
ziehet alle durch, ziehet alle durch, die letzte wird gefangen
mit Spießen und mit Stangen.
Die Teufelchen werden gerüttelt und geschüttelt und die Engelchen, die Engelchen,
die Engelchen ..."

Nein.

Apfelkuchen backe ich für dich, den Duft kannst du noch essen vielleicht, immerzu nähren will ich dich mit süßem Brei.

„Mit traurigen Grüßen", hat mir ein Kind geschrieben. „Danke", sage ich für diese Worte. Nicht wie manche, die laufen und sprechen und nett sind.

Bin ich gestorben, nicht gestorben, nicht.

Im Traum will ich zu dir hinuntersteigen, wo es warm ist und dunkel und der Himmel eingefaltet samenklein. Ich klage das Feuer an und die Glocken und das Fleisch. Das Fleisch hält mich fest, die Haut spannt auf dem Knochen.

Sechs Wochen

Die Zeit ist ohne Maß, ein elastisches Band, das in die Kapsel zurückschnellt, von Ewigkeit zu Ewigkeit, Amen.

Andreas betet, Andreas ist außen ruhig. Dass er so ruhig ist, macht mir Angst. Er ist so vertraut mit dir und ruhig, dass es mir Angst macht um ihn.

Ist in deinem „Dort" etwas wie Atmen, bestellt ihr das Feld und den Garten?

Ich halte nachts die Hände aus dem Fenster, es regnet wie fernes Brot.

Wir haben die Birke gepflanzt im Mooswil, nah am Fluss. Unablässig rauscht das Wasser.

Ich grabe in der Erde bis zum Umfallen, lege Blumenzwiebeln hinein, säe und pflanze. Jemand hat gesagt, die Toten sähen die Blumen.

Ich schneide Stechpalmenzweige. Ich gehe hinter dir. Es ist Sommer und schon dunkel. Wo du gegangen bist, fehlt die Dunkelheit. Ich gehe tausendfach durch dieses Tor. Dein Schatten ist herausgeschnitten. Ich gehe durch den Spiegel deines Traums.

Alles ist auf einem hohen gelben Ton stecken geblieben, will sich auf keine Seite verabschieden, eine Orgel mit entblößten Zähnen.

Alle müssen Fotos anschauen von dir.

„Seht", will ich immer sagen, „mein Kind, wie schön es ist, wie hell, wie stark, wie gut."

Die Menschen sind freundlich, sie reden in der Vergangenheit von dir.

Wir fahren nach Mooswil. Auf dem Bahnsteig in B. gehe ich ganz nach vorne, wo die Nesseln aus dem Schotter wachsen. Es riecht nach Rost. Andreas steht und sorgt sich. „Warum gehst du so weit?", fragt er. Ich spreche laut mit den Güterzügen, die ein- und ausfahren. „Andreas ist meine große Liebe", sage ich in normaler Lautstärke, oder: „Das ist das Land der toten Katzen."

Im Zug steht den Leuten das freie Wochenende ins Gesicht geschrieben; einige haben Krebs, andere sind der Verlassenheit preisgegeben.

Sternschnuppengewitter gehen nieder am heiterhellen Tag, Liebesworte immer schon vorüber, ein leises Zittern der Lippen, wir fahren.

Es ist Abend und wir fahren heim, wo nichts Vertrautes ist.

Mein Kind ist gestorben, das blühende, singende, tanzende, das immer näher an mein Herz gekommen ist, seit seiner Geburt.

Rosanna, meine große Tochter, mein kleines Mädchen, mit Traumwasser wasche ich dich.

Ich halte dir ein Fläschchen unter die Nase. Kannst du es riechen? Ein öliges Fläschchen mit Ringelblumenessenz. Im Schrank sind all die kleinen Jäckchen aufgeschichtet. Ich wähle ein blaues für dich und neue Söckchen, weiß und blau geringelt. Die kleinen Schuhe stehen noch im Flur.

Die roten Schuhe sind von deinen Füßen gefallen.

Ein Panzer fährt durchs Sonnenblumenfeld, die Stängel krachen und die Dotter spritzen aus den Vogelnestern.

„Halleluja", singen die weißen Frauen am Fluss. Die Wintersaat ist aufgegangen. Ich gehe barfuß zwischen den Reihen. Ich lebe tot.

Zwei Monate

Selma liest mir ein Gedicht vor ...

> „... *nur eine Rose als Stütze.*"

„Ein Gedicht, ein Gedicht nur als Stütze", sage ich.

> „*Eine Rose ist eine Rose.*
> *Aber ein Heim*
> *ist kein Heim.*"
>
> (Hilde Domin)

Selma hat für dich ein Abschiedsbuch gemacht, Rosanna. Darin rufst du uns zu, leise und eindringlich. In diesen Seiten richten wir uns ein.

Die Rosen in der Vase sind völlig aufgeblüht. Wie Papierblumen schauen sie über den Kerzentisch. Wir leben mit deinen vielen Fotogesichtern. Froh, ernst, schalkhaft blickst du uns an und zuweilen wird uns das „Dazwischen" sichtbar: Asche, weißer als Schnee im Geäst der Stille.

Immer weinend, können wir nicht umhin, zu gehen, zu essen, zu trinken, zu schlafen.

Die Erinnerung an das Gefühl der Freude ist verblasst. Der Schmerz wird vertraut und gleichförmig. Niemand sieht, dass ich hinke. Hinken ist schon viel. Ich wische den Vorraum, ich streue Salz in die Suppe, ich schäle und schneide die Rüben.

Ich lache mit blankem Zahn. Das Leben ist ein ausgeleerter Topf, im Schlamm ist eine Milchspur.

Ein Schlaganfall im Körperlosen. Die Hirnhälften haben noch ihre Symmetrie, unsichtbar schief ist der Mund, das Wort verheddert, die Hand schlägt ungebremst aufs Herz.

Was erbat ich vom Feuer? Von mir zu nehmen die Lüge, den Zweifel, die Auflehnung.

Im Laden verkaufen sie Seife und Zucker. Ich legte drei Münzen in die weiche Hand der Verkäuferin. Ich liebe dich, Rosanna. Ich nahm die Seife und den Zucker und stand auf der Straße, wo mich wie schon oft die alte Frau angesprochen hat. Heute bin ich sogar zu ihr in die Wohnung gegangen. Sie hat mir Fotos gezeigt aus ihrer anderen Zeit: pausbackige Neffen, Kinderchen auf dem Dreirad, im Hintergrund Wasser und Freesien. Damals hat sie noch gekocht auf dem Gasherd. Nun wagt sie es nicht mehr, das Gas anzudrehen. Sie isst nur noch Zwieback und Joghurt und dünne Scheiben Marzipan.

In der Tischschublade bewahrt sie Karls Briefe auf. Karl ist der Pfarrer, der sie betreut. Sie ist ein wenig stolz, dass sie einander beim Vornamen nennen, Karl und sie. Ich saß auf dem Rand des Sofas und durfte die Briefe lesen. Ich muss ihn auch gernhaben, diesen Karl, denn seine Briefe sind frei von Geschwätz. Immer ist auch eine bunte Karte dabei mit Tieren und Blumen. Die Frau hat einige auf die Kommode gestellt. Sie wartet auf einen Platz im Altersheim. Als ich ihr von dir erzählte, weinte sie und sah jünger aus. Sie hat sofort verstanden. In der Vitrine steht eine alte Flasche Malaga, die sie nicht mehr öffnet. Sie war immer alleinstehend, das kommt ihr jetzt zugute im Alter. Sie ist ohne Bitterkeit.

Auf der Straße schloss ich die Augen. Ich musste den Heimweg finden. Beinahe hätte ich die Seife und den Zucker vergessen in der fremden Wohnung.

Mit der Sonne umfing mich eine helle Traurigkeit, als hättest du nochmals kurz angerufen für ein letztes Wort.

„Sie leben ja nicht ewig", hat die junge Ärztin zu mir gesagt. Das hat mich getröstet.

Ich taumle, taste mich vor bis zur Kreuzung, ungeübt auf den Händen zu gehen wie du.

„Erdäpfel", sagen wir in unserer Sprache. Dieses schöne Wort biete ich dir heute an, Rosanna, ich bin fast sicher, du magst es. Erdäpfel, oder junge Nüsse mit bitteren Häutchen. Du kannst wählen, liebes Kind, auch braune Birnen mit körnigem Biss reifen an den Spalieren.

Die Frau mit dem Bündel steht am Bahnhof.

Jeder kennt sie, wie sie Bus um Bus besteigt bis spät in die Nacht: „Habt ihr mein Kind gesehen, ihr gestrengen Herren Wächter, so hört doch! Sein Lächeln ist zurückgekehrt, sein leichter Schritt. In Samt ist es gekleidet, herbstlich, und winkt. Nur seine Stimme, seine Stimme will mir entfliehen. Weit kann es nicht sein. Ich gehe auf den Knien, meine Herren, das fällt mir leicht. Mit meinen weißen Knien werde ich nichts beschmutzen. Auf den Knien müsst ihr mich durchlassen."

Ich trete die prallen Boviste um und renne; das Land ist einsam und voll Pilzstaub.

Unerbittlich entfernt sich jene Stunde, verliert sich im Regengeräusch, daraus die grausige Taubheit aufragt, Leere, Turm auf Turm.

Es ist, als müsste die Traurigkeit sterben. Nur die Härte wächst und wächst, dornig verholzend, strenger als Neon. Tiefgaragen sind heimatlich. Ich bin an meinem eigenen Kopf angewachsen.

Allerheiligen
Wir gehen von Grab zu Grab, Rosanna.

Einst trug ich meine Kinder durch den Bergwald. Die Lärchen streuten ihr Nadelgold und der erste Reif hatte Blättchen und Moos gerötet. Den feinen Flaum gab ich euch zu fühlen auf den Herbstglockenblumen. Euer Kinderlachen kommt mir zurück, hell und zart, Schwesterchen und Schwesterchen und Schwesterchen.

Ich falle von Stunde zu Stunde.

Ich lese Bücher über jenes andere Land.

Du seist jetzt im Licht, schreiben alle. Die Buchdeckel mit den vielen Sonnen und Brücken und Regenbogen überfordern mich. Und doch muss ich sie alle lesen, diese Schilderungen, eine nach der anderen. Am liebsten lese ich Erfahrungsberichte von Menschen, denen das Gleiche wie uns passiert ist. Nichts anderes kann ich lesen, kein einziges Wort.

Außer Gedichte.

Die Gedichte sind mir geblieben:

„Schmetterling

Welch schönes Jenseits

ist in deinen Staub gemalt…"

und

„An Stelle von Heimat

halte ich die Verwandlungen der Welt."

(Nelly Sachs)

Mit tiefer Freude und Andacht hast du Brot gebacken, Rosanna. An Feiertagen haben deine duftenden goldfarbenen Zöpfe unseren halben Tisch bedeckt.

Manchmal kam ich nach Hause, und in der großen Schüssel war Teig am Aufgehen. Das Olivenöl stand auf dem Tisch und die kleine Espressomaschine. Da wusste ich, du warst überraschend gekommen. Vor kurzem hast du dich in der Ofenecke versteckt und hieltest mir von hinten die Augen zu, wie in den Kinderspielen.

Diese Freude hat allem standgehalten: Ich spüre den Druck und die Wärme deiner Hände auf den Augen, hell klingt dein Lachen … ich drehe mich um, und wir umarmen einander.

Auf den letzten Bildern in Frankreich knetest du draußen unter den Bäumen den Brotteig für deine Freunde. Auf deinem Gesicht sind Spuren von Mehlstaub und eine verletzliche Innigkeit.

Heute wäre mein Vater 92 Jahre alt geworden. Dass er noch leben könnte, berührt mich. Einige Monate nach deiner Geburt ist er an einem Herzanfall gestorben, er war 67 Jahre alt. Ich schaue ein Foto von ihm an, darauf beugt er sich liebevoll über dein Bettchen. Er war schon längere Zeit krank gewesen und hatte sich bedingungslos auf dich gefreut. Keine Spur von Bedenken hatte er geäußert, als ich schwanger war, obwohl wir in ungesicherten Verhältnissen lebten.

An deiner ersten Weihnacht waren wir zusammen in W. Vater kam spätabends mit, als ich mit unserem Hund hinausging. An der Kreuzung bei der Bierbrauerei blieb er stehen und sagte: „Wenn ich etwas wünschen könnte, Waldweihnachten möchte ich noch einmal erleben wie früher, so eine verschneite Tanne mit Lichtlein daran." Das hätte dir auch gefallen, Rosanna. Bald darauf, im Februar, ist Vater gestorben.

Heute träumte ich von Tavrin, von unserer Stube mit dem großen Fenster. Die Vorhänge waren immer offen, und wir sahen den Himmel und die Berge und die Sterne in der Nacht. Ich saß in der Frühe auf unserem alten Sofa mit dem rauen Plüschbezug, da kamst du in deinem roten einteiligen Pyjama die Treppe herunter und lehntest dich an mich. Du hattest die gemusterten Wollfinken mit den Filzsohlen an und warst unerklärlich traurig in meinen Armen. „Ist dir warm?", fragte ich.

Ich wusste mit dir, dass du sterben würdest. Selma sang leise im Zimmer.

Heute haben wir einen sehr großen Klang von deiner Stimme, Rosanna. Bist du immer tapfer? Oder weinst du manchmal mit uns um den Reigen aus Licht auf dem Fluss, um das purpurne Ahornblatt, zart bereift an den Rändern, um das irdische Feuer, um deinen blühenden Leib, um den warmen Sand und das Meer, das dich liebkost hat noch eben?

Alle Erdenbrote hat dir das Tier aus den Händen geschlagen, zerrissen ist das weiße Kleidchen und aller Sommerduft.

Behutsam berühre ich dich, hülle dich ein in duftendes Öl vom Mandelbaum. In alle Frühlinge trage ich dich hinaus.

Mit versengtem Flügel taumelt der Falter am Brunnen.

Der November ist klar und mit harter Stille.

Man hört das Verstummen der Amsel auf den Hügeln vor der Stadt. Im Kirschbaum ist eine Kälte, als würden Klingen gewetzt.

Wenig fehlt, und ich spräche nur noch mit den Stofftieren. Allen Ernstes könnte ich damit beginnen. Von einem gewissen Punkt an gäbe es kein Zurück. Ich tränke diesen Wein aus süßen Bildern. Die Nähe zu dir wäre größer, aber schwer vom Schlaf.

Da kommst du mir entgegen, Rosanna, mit Füßen aus Blei, als kämpftest du gegen die Strömung. So traurig habe ich dich noch nie gesehen, wie du mich anblickst, ohne Vorwurf.

Anklagen will ich plötzlich, weiß nicht wen oder was; den Ablauf jener Stunde so präzise und grausam. Man hört es ticken zwischen den Sekunden. Wenn ihr doch Durst verspürt hättet, und ihr hättet angehalten am Brunnen, um zu trinken wie schon oft, bis der Kelch vorüber war! Nur so ein leises Zagen hätte euch aufhorchen lassen.

Dass ich mich nicht schützend über dich werfen konnte, quält mich.

Ich fühle mich von jenem Engel betrogen, von dem ich manchmal sprach im Scherz, wenn du voll Freude in die Welt zogst. „Der Schutzengel hat streng", sagte ich, als du ein Jahr in England warst, jung und neugierig auf das Leben. Als gereifte junge Frau bist du zurückgekommen. Im letzten Brief vor deiner Heimkehr schriebst du: „Ich umarme euch herzlich, bis bald, ihr Lieben, ich freue mich! Und denkt daran, dass ich jetzt siebzehn bin!"

Ich will den Kopf gegen die Wand schlagen wie die behinderten Kinder. Ich kann nun diesen Impuls vollkommen nachvollziehen.

Wie konnte ich in jener Nacht am Fenster sitzen, unruhig und hilflos, während ein fremder Arzt deinen Tod auf einen Zettel schrieb. An vielfachen Traumata seiest du gestorben, schrieb er auf Französisch.

Dein Atem erstarb, dein Herz erstarrte, deine Haut war noch warm, ich legte mich schlafen.

Zikaden zerschnitten die Nachtschwärze.

Dein Geburtstag brach an.

Rosanna, wie ist dir? Du singst. Schneeklänge singst du. Wir zucken zusammen ob dieser stummen Fülle. Du trinkst aus der Klangschale, weiß ist deine Stirn in der Dämmerung, oder vielleicht ist dir alles entglitten wie ein geträumter Wind, und du hast leise geweint, wie bei deiner Geburt. Die Wasserhaut zerspringt in Ich und Du.

In der Mitte des Kreuzes schwebt die fremde Blüte deiner Hand.

Nun liegt der richtige Schnee auf deinem Grab, Rosanna, und ein heftiger Windstoß hat die Laterne ausgelöscht. Andreas ruft täglich an, wenn er dort gewesen ist. Es ist sein Arbeitsweg. Er tut seine Arbeit wie immer, gibt Unterricht, scherzt mit den Jugendlichen, nimmt sie vollkommen ernst, dass sie sich selber sehen.

Wenig ist ihm anzumerken, nur – dass in seiner Stimme Winter eingebrannt ist. Einige der anderen glauben, es ist schon lange her.

Ich träumte von dir:

Ich ging durch ein langes Gewölbe unter unserem alten Haus in Moos-wil. Autos fuhren herein und heraus, auch ein Gefährt aus Stein, ein riesiger rasender führerloser Mühlstein. Kinder in Fasnachtskleidern stürmten herein, lärmten und verlangten nach Süßigkeiten. Du kamst als junge Frau die Treppe herunter und stelltest dich in ihre Mitte. Alle begannen ‚Chalanda marz'-Lieder zu singen. Du warst ein Kind, eine junge Frau und noch viel älter. „Siehst du", sagte ich, „jetzt kannst du nochmals mitsingen beim ‚Chalanda marz'."

Ich war mir selber ungeheuer fremd und ruhig. Schwere rustikale Holz-möbel wurden aufgestellt, und an der alten Theke standen Frauen und Männer. Sie rauchten und assen ohne ein Wort. „Der Ton ist abgestellt", sagte eine Stimme aus dem Stoff eines altertümlichen Lautsprechers.

Im Nebenzimmer lag eine alte Frau unter schweren Kissen und Decken, zwei altmodische Waschschüsseln glänzten im schwachen Licht. „So werden Knechte gebettet", sagte die alte Frau.

Du warst hinter der Theke, fleißig und strahlend schenktest du Saft aus und wuschest Berge von Gläsern. „Wir möchten gehen", sagte ich zu dir. „Sagt mir, wann ihr geht", sagtest du, „und verkauft doch dieses Haus." Mit dem Auto fuhren wir durch die Nacht, viele Kurven in schwindeler-regendem Tempo, bergauf und bergab. „Wir müssen umkehren", schrie ich verzweifelt. „Rosanna wollte doch mitkommen, wir haben Rosanna vergessen!"

Dieser Schrei blieb aufrecht im Zimmer stehen, als ich erwachte.

Ich breite dein Schaffell aus, Rosanna. Ich versuche einen Ort darauf zu finden, an deiner Seite zu beten.

In der Wohnung gegenüber haben sie ein zweites Kind bekommen. Ich sehe ohne Bitterkeit hinüber. Das ist Gnade. Die Welt macht sich klein, im Asternbeet schläft eine Biene. Die Häuser stehen mit hellen Fens-tern, oben Wolken und ein einzelner Stern, unten der Fluss mit der Eisenbahnbrücke, alles ragt unverrückbar aus der Ewigkeit heraus, wie ein Adventskalender. Ich strecke die Hand aus und spüre die Glimmerspur. Nichts Schöneres kann ich mir vorstellen. Es bleibt in mir stecken, weil ich nicht beten kann.

Rosanna, ist bei dir genug Kälte, um die Wärme zu fühlen, und weißt du noch, was Müdigkeit ist, die süße Müdigkeit nach einem langen Arbeitstag und jenes Gefühl der Leichtigkeit, wenn die Kopfschmerzen nachlassen?

Fragen, fragen will ich dich: Gehst du durch Dornenwälder wie Maria, und blühen dir Rosen?

Ich ziehe Wörter aus der Wunde, Wachstumssplitter. Eine Taube zeichne ich ans Fenster, wie dein Patenkind, das seine Bilder auswärts an die Scheibe klebt, dass du sie sehen kannst. Ich habe Angst, dass Krähenschatten dich quälen wollen. Ich singe mit den Kindern in der Schule; alle unsere Kinderlieder singen wir für dich: „Ich gehe mit meiner Laterne und meine Laterne mit mir, und oben leuchten die Sterne und unten leuchten wir."

Ich trinke Tee im Zimmer. Manchmal sind die Ungeheuer eingeschlafen, und ich bin kindlich der Erschöpfung ausgeliefert, reibe die Faust am Ohr.

Die Erde hört das Wasser; der Strom und das Meer wollen sich vereinen in der Tiefe. Ob dann alles ausgelöscht ist, wenn ich mich auslösche? Was soll ich in dieser fremden Haut, die hartnäckig wächst nach altem Muster? Ich zweifle an allem. Alles verdient mein Misstrauen: der Kirschbaum und die Schwalben und der Regenbogen. Alle Türe gehen auf die falsche Seite auf, alles erweist sich als sein Gegenteil: ein grenzenloses Gruselkabinett. Ich erkenne mein Gesicht nicht mehr.

Tropfenweise träum ich Trost herbei: „Heiland, reiß die Himmel auf ...", und du stürmtest herein, mein zärtlicher Wirbelwind, mit all deiner Wärme neigtest du dich her zu mir. Wir lehnten Schulter an Schulter im Schein der Japanlampe. Alles Neckische wäre uns willkommen. Durchs Fenster schaute ein graues Pferd und schnaubte uns an durch seine warmen, weichen Nüstern. Der Himmel hielte uns die vertrauten Sterne hin.

November

An der Brücke ist Jahrmarkt und die Achterbahnen kreischen in der mandelsüßen Luft.

Die Ambulanz heult auf der Ausfallstraße und schreckt den trügerischen Feierabend auf. Wie stark deine Stimme ist. Du hast die Kraft, dem Tiger Einhalt zu gebieten, der seine Pranken ins Herz gräbt, ins leere Herz, das schlägt und schlägt.

In großer Höhe treiben Schneekristalle, und aus den Schächten wispern die Geister.

Das kann ich nicht glauben, Rosanna, dass du nicht kommst an Weihnachten, wenn ich doch Zimtsterne backe für dich, mit Puderzucker und Zitrone, und alles mache wie immer. Ich drehe das Messer in der Wunde. Manche verlernen das Weinen, werden wie die Hasen stumm im Wolfsgebiss.

Deine Schwester geht plötzlich voraus. Mit sicherer Hand entziffert sie die Zeichen in der Luft.

Nun ist dieses Tagebuch vollgeschrieben. Selma hat es mir zum Geburtstag geschenkt. Auf den Umschlag hat sie ein Bild mit leeren Tonkrügen geklebt und auf die erste Seite ein Gedicht von Hilde Domin geschrieben: *„Warten auf nichts"*.

Das Tagebuch beginnt an meinem Geburtstag. Wir waren in einem Kindertheater gewesen von „Sams", darin spieltest du eine Putzfrau, so echt, dass dich deine Großmutter nicht erkannt hat. Nachher waren wir im Garten eurer WG zum Essen eingeladen.

Wir haben einen Spaziergang gemacht am Flussufer, während du mit Marc ein Festessen für uns vorbereitet hast.

Die Welt sah ich von außen. Unerschütterlich schnupperten die Hunde unter den Bäumen, die Brücke stand im Maienschein wie Jahrzehnte zuvor, die Straßenbahn hatte bereits etwas von Sommer in ihrem Bremsgeräusch.

Ich kaufte drei dünne Röschen für dich. Als ich sie dir gab, sagtest du: „Nein, nein, du darfst mir doch nichts geben, du hast doch Geburtstag und Muttertag." Du führtest mich in den Garten, wo ein langer Tisch mit weißen Tüchern und Blumen gedeckt war. Entlang der Hecke waren die Akeleien in voller Blüte, dunkelviolette Tänzerinnen. „Die hast du doch so gern", sagtest du zu mir und führtest mich voll Freude im Haus und im Garten herum.

Später saßen wir scherzend bei Tisch. Wir durften nicht helfen in der Küche. Wir lachten und sprachen von früher, wie meistens von eurer Kindheit in den Bergen. Wie schwere Tropfen fiel das Geläut der nahen Kirche in den Garten. Ein verborgener Fluss trug Licht vorbei und fernes Warten. Plötzlich sagtet ihr Schwestern zusammen eure Kindergebete auf.

Am Rand des Gehörten wurde ein Fremdes sichtbar, das uns aufschrecken ließ, nur für den Bruchteil einer Sekunde. Dann scherzten wir wieder und aßen Kuchen.

Im Schlaf liegt die Seele bloß. Wer in der Öffentlichkeit schläft, im Zug oder auf der Parkbank, bedeckt sein Gesicht mit einem Tuch.

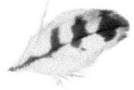

Sharivari

So farblose Tage mit glanzlosem Regen. Selma webt Töne und Bilder und Worte für dich. Unermüdlich richtet sie unsere Zelte wieder auf, knüpft den Herzfaden. Wusstest du, Rosanna, um die grenzenlose Liebe deiner Schwester?

Ich schreibe die letzten Briefe für dich; dass es doch alle wissen, die je in deinem Lächeln gewesen sind, dass ein blinder Sturm dich fortgerissen hat.

Ich möchte deine Träume in den Himmel säen, Klänge ungezählt in die aufgerissene Lebensfurche.

Die Stirn ist verkrustet. Wir tragen Tränenschlucker in der Tasche. Wir kaufen Essigfisch im Bahnhofshop. Wir essen Essigfisch am Kartonfeuer.

Die weißen Kerzen entfalten sich, eine nach der anderen, und brennen endlos in die Tage hinein. Ich kann nicht abbrennen, das Wort ist eingeeist.

Drohend stellt sich der Morgen vor die Nächte. Ich bürste die Schneidezähne, wir sind wunschlos traurig. Wir haben keine Lieblingsfarben mehr und kein Lieblingsessen. Mit Stiel und Stumpf essen wir die Teller leer.

Wir werden nie wieder ganz werden.

Dezember

Advent, warten auf nichts, in einem umgekehrten Sinn.

Rosanna, ich versuche aufzuschreiben, was du gesagt hast bei unserem letzten Telefongespräch: „Hallo Mam, wir werden nicht so weit reisen. Wir fahren nicht bis Portugal. Wir bleiben in Frankreich. Jetzt sind wir am Straßentheaterfestival in Arles. Nein, wir spielen nicht, wir schauen zu. Was, Marc hat euch angerufen? Ja, das ist wichtig, dass ihr miteinander sprecht."

Auf meine Frage, ob jetzt alles anders werde: „Ja, vielleicht wird jetzt alles anders sein.

Bei Sonja war es wunderschön. Sie wohnen auf einem Hügel und machen es sehr gut mit ihrem Kindlein. Wir haben ein ‚Sharivari' aufgeführt in einem kleinen Dorf. Es ist so wunderbar gewesen. Wir üben mit Feuer, mit Stab und Feuerkeulen. Wir werden es euch zeigen, wenn wir zurück sind. Also, die Karte ist bald leer ..."

Ich klammere mich an jedes Wort und stürze damit ab.

Ich möchte nach nirgends. Ich habe Angst vor dem Gehen und Angst vor dem Bleiben.

Die Augen frieren zu.

„Ich weiß, wir hören nicht auf", hast du als Silvaine gesagt im Theaterstück „Gesang im Feuerofen" von Carl Zuckmayer.

Fieberklee blüht in den Sommernächten. Selma legt dir eine Silberspur. Sie hat einen Kranz geflochten für dein Grab, Rosanna, mit Kerzen und Federchen. Wir haben rußgeschwärzte Hände. An jeder Biegung des Weges lauern Pflanzen, die uns anbrüllen. Können sie nicht stumm sein, wie es sich gehört? Ich höre das Fallen in allem. Züge stürzen von den Brücken mit Greisen und Säuglingen, und die Gebetsfahnen gehen in Flammen auf. Die Schwalben sterben im Flug und liegen steif im Gras. Wir tragen Dunkelbrillen, Augenbinden, Röhrenblickgeräte.

Die alte Frau hat warme Kuchen in der Tasche versteckt. Fettblumen wachsen auf ihrer Kleiderschürze.

Selma bereitet den St. Niklaustag vor für ihren Kindergarten. Auf dem Fußboden im Wohnzimmer sind kleine Jutesäcke ausgebreitet. Dass es diesen Geruch noch gibt von Jute und Erdnüssen, Mandarinen und Bienenwachs; als schliefen hinter dünnen Wänden meine kleinen Mädchen in ihre wollenen Decken gehüllt, während ich alles richte für den heiligen Mann. Ein Säckchen füll ich dir, Rosanna, mit Nüssen und glitzernder Süße.

Ich weine, und es ist warm. Selma schmückt die Säckchen mit Tannenreisig und bindet jedes zu, behutsam schwesterlich.

Ich falle nicht auf durch Schreien, ich gehe schlafend und verlasse mich auf die Gewohnheiten. Ich wohne in den Gewohnheiten, die mein Körper vollzieht. Ich ergreife die Seife und drehe sie in den Händen unter dem Wasserstrahl.

Dass der Film nicht reißt, wundert mich kaum.

Dein Geigenlehrer hat angerufen. Spürst du, wie ernst er sich deiner erinnert?

Es ist Sonntag, und wir sind auf dem Friedhof gewesen. Du kommst immer mit, wenn wir hingehen, sagt Selma. Kommst du auch mit auf unserem Gang durch den nahen Wald, wo der Steinbruch ist und die Werkstätten der Bildhauer? An Grabsteinen wird hier gemeißelt. Heute ist es still und der Geruch nach Staub und Brennnesseln herrscht vor.

Rosanna ist alles: Rosannazeit, Rosannaraum, Rosanna im Wasser und auf der Erde.

Die Ponys stehen unbeweglich hinter dem Maschenzaun und selbst die rauhaarigen Hunde rühren sich nicht, als wir vorbeigehen. Vor uns geht ein dicker Mann, der raucht und sich laut beschwert.

Wir machen ein Feuer. Es dämmert früh. Ich friere. Mein Körper friert und ich zürne ihm, diesem welkenden Körper, der friert und mich voran zerrt, während dein Blühen zu Asche verbrannt ist.

„Warum?", frag ich erst jetzt. „Warum du, Rosanna, und warum nicht ich?" Der Tod hätte doch Gelegenheit gehabt, erst kürzlich bei der Explosion am Cityring. „Warum?", fragen die kleinen Kinder und wollen Antwort auf das ganz andere.

Ich fahre zur Ärztin. Will ich mich fassen, irgendwie? Will ich? Ich kann mir nicht selber helfen. Ich habe keine Wahl. Das Grau ist wie der Tunnel, wie die Sonne, wie die Rose, wie die Nacht, wie der Regenbogen. Wessen Wille ist das, der geschehen ist?

Nach dem Tunnel fällt die Sonne ein mit unwillkommenem Gold, beleuchtet hartnäckig die Schnittwunden und die Kaffeeflecken.

Ich habe Blutdruck wie normal und bin beim Zahnarzt gewesen.

„Ich an deiner Stelle könnte das nicht ertragen", hat eine Frau zu mir gesagt.

Was ertrage ich? Was trag ich mich treppauf treppab? Ich schäme mich des Tragens.

Ernesto ist hier. Selma hat ihn eingeladen aus Brasilien. Wir müssen uns seiner annehmen. Das gibt er uns: dass wir einkaufen müssen und Tagesläufe regeln. Er macht sich fast unsichtbar. Als ich nach Hause kam, saß er im Dunkeln auf dem Sofa. Er wagte es nicht, das Licht anzudrehen.

Wieder fahren wir im Zug. Wir fahren von Mooswil nach G. Ich sehe hinaus. Ich sehe, wie eisig die Luft in den kahlen Wäldern steht. An den Bahnhöfen schauen die Leute abwärts. Es ist minus 13 Grad kalt.

Selma erwartet uns am Cityring. Sie hat mit Ernesto Pizza gebacken. „Wir freuen uns", habe ich am Telefon zu ihr gesagt, und bin erschrocken über diese Worte. –

Wir werden in der Küche sitzen. Ich werde Feuer machen im kleinen Herd, und Selma wird Tee aufsetzen; wie letzte Nacht, als wir am Fenster lehnten, Minze tranken und innen Nässe fühlten von deinen Tränen, Rosanna.

Keiner kann an des anderen Stelle sein.

Maria, gegrüßt seist du, in deinem Leid, in deiner Freude.

Ein großes Reisen hat begonnen. Wir fahren hin und her zwischen G. und Mooswil. Das Pendeln beruhigt uns. Man fährt hin und her und bleibt doch ganz bei sich. Der Mittelpunkt vergrößert sich.

Ich weine, weil es schneit. Du gehst doch so gerne im Schnee, Rosanna, fröhlich schüttelst du die Flocken aus dem Haar.

Wie ist es möglich, dass das alte Haus uns gut ist? Ich mache Feuer im Herd und wasche die Kacheln, unerklärlich streift mich dein Lachen an der Schläfe. Auf dem Türgriff ist die Wärme deiner Hand.

Geschrei durchfährt mich plötzlich. Ich stolpere und greife in die Glut.

Um Gnade, um Gnade für uns, bleibt mir zu bitten.

„Hoffentlich geht bei euch Weihnachten gut vorbei", hat uns ein junger Freund geschrieben. Am liebsten möchte ich nach Deutschland reisen und ihm danken für diese Worte.

Die kleinen Kosenamen von früher ertragen es nicht, ausgesprochen zu werden. Sie singen sich durch meine Träume und nähern sich den Sternen. Die junge Birke ist ins Rauschen gepflanzt. Wir laden die Schwalben ein, die Meisen und die Grasmücken. Die Glasengel klingeln im Haselstrauch.

Ich sehe im Schmetterlingsbuch nach, wie der Falter mit Namen „Trauermantel" aussieht: „Dunkel mit hellem Rand, fliegt oft hoch, Raupe samtschwarz, Sturzpuppe."

Mooswil, Heiliger Abend

Wir sind hier am Feuer; Marc, Ernesto, Selma, Andreas, ich.

Wir reichen dir die Hände durch den Wasserfall, Rosanna. Jeder von uns spricht in einer anderen Sprache, wir können uns nur knapp verständigen.

Jenseits der Strömung streift uns dein Atem wie ein verlorenes Wort. Ich presse die Hände aufs Herz, das nicht zersprungen ist. Warum schlägt es immer ohne meinen Willen? Kräftig schlägt es, als werde getanzt!

In der Küche verloren wir die Fassung. Wir schrien plötzlich ob der Fremdheit, die zwischen uns einfiel.

„Sind wir denn von allen guten Geistern verlassen?", rief ich, „Rosanna ist gestorben."

Alle sind wir so verletzt. Zum Glück war Ernesto bei uns, dass wir uns beherrschen mussten. Das hat er nicht verdient in diesem fremden kalten Land.

Wir beruhigten uns wieder. Wir formten Krippefiguren aus Ton: Josef, Maria mit dem Kind, Hirten, Schafe, Esel und Rind, und den Engel.

Selma hat den kleinen Tisch im Stübchen mit Zweigen und Kerzen geschmückt und ein Foto von dir aufgestellt. Wir stellten die Figuren dazwischen.

Wir mussten viel Holz nachlegen, weil es immer noch minus 13 Grad kalt war.

Wir sangen sogar und lasen die Weihnachtsgeschichte. Ich spielte mit Andreas „Wach Nachtigall, wach auf" auf der Flöte. Dieses Lied habt ihr immer zusammen gespielt, Rosanna, seit du klein warst; du hast Geige gespielt und Andreas Gitarre. Selma spielte auf dem alten schwarzen Klavier, das wir im Brockenhaus in Mooswil gekauft haben. Es wurde Mitternacht und Andreas weinte. Er trug eine brennende Kerze hinaus und stellte sie draußen unter deiner jungen Birke in den Schnee.

Das Wasser holen wir vom Brunnen. Ich bin hingefallen, weil es viel Eis hat. Ernesto ist auch gefallen; er hat in seinem Leben noch nie Eis gesehen.

Weihnachtstag

Wir haben alle fünf im Stübchen geschlafen. Die anderen Zimmer sind noch nicht renoviert. Ich lag zwischen Andreas und Selma. In der Frühe wurde es sehr kalt, und ich ging Feuer machen.

Wir gingen zum Bahnhof und verabschiedeten uns von Marc. Er wanderte nach B., wir stiegen zur Ahornhöhe hinauf. Ein Schneehauch bedeckte die Felder, und wir schritten heller aus. In der Imbissbar am Bahnhof Eschenbach warteten wir auf den Zug. Dort war es schrecklich. Die Traurigkeit war persönlich anwesend. Wir kauten Brote mit kaltem Hühnerfleisch.

Ich sage nur immer deinen Namen, Rosanna. Was ich auch tue, hat diese Farbe, in der du gegangen bist.

29. Dezember

Wir fahren zurück nach G. Wir haben Ernesto nach Zürich begleitet zum Flughafen. Der Zug gleitet durch flüssiges Schwarz.

Vier Monate; die Zeitangaben sind ohne Inhalt.

So bist du auch gefahren. Ich liebe dich, Rosanna, wie du ohne Furcht durch jene Nacht gefahren bist, und in der Ferne zogen Wolken auf.

„Sie ist sofort tot gewesen", sagte der Fremde. Die Wörter sind in meinen Ohren festgeklemmt.

Ich halte eine feuchte Blüte in der Hand. Ob du uns zugeatmet hast?

Ich will das nicht, „das" integrieren, „das" in mein Leben integrieren. Das geht gar nicht, dass wir irgendetwas integrieren. Vermessen ist das. Abscheu lähmt die Bewegung der Hand.

Ich habe nicht die Wahl, irgendetwas zu tun mit deinem Abschied, Rosanna. Aus der Ewigkeit ragt etwas in mich, unverrückbar. Etwas ertastet die innere Form. Ich gehe mit gesenktem Blick.

Tigerträne

Januar

Wir sind in Mooswil. Wir haben das alte Haus behalten. Wir haben es erst kürzlich gekauft, Rosanna, einen Monat vor deinem Sterben. Dann wollten wir es sofort wieder verkaufen – und wussten plötzlich: es bleibt uns. Wir ließen die nötigsten Arbeiten ausführen. Die Öfen wurden geflickt und ein Holzherd eingerichtet. So hattest du es dir vorgestellt bei deinem ersten Besuch. Mir ist, als hättest du uns hier erwartet. Ich lehne mich ans Feuer. Es ist Abend. Sonne erglänzt im Innen. Das schwarze Klavier erwacht. Ein Traum hat sich verfangen im Elfenbein.

Die Erde neigt sich zur Nacht. „Auf, auf", singt ein Vogel in der Dämmerung. Die Wurzeln beben. Frühling zuckt herauf. Eis wächst am Brunnen. Wir stehen im Fluss.

Dein Lächeln ist in unser Blut gemalt.

Morgen fängt die Schule wieder an. Ich bin froh, dass es geht mit der Arbeit. Ich lerne, dich wach dabei zu haben, Rosanna. Manchmal verstehe ich die Kinder besser als vorher. Anfangs war das nicht so. Da hätte ich lieber Schrauben sortiert.

Ich schreibe wieder viele Briefe an alle, die an uns denken. Das tue ich am liebsten, ich schlage Funken, Gedankenfunken für dich. Es ist die Zeit der Sternschnuppen.

Auf deinem Grab klirren die Rosen im Frost. Es ist so kalt wie seit Jahren nicht mehr. Ich kann das vielleicht nie fassen, dass du nie mehr in unsere Arme kommst. Es ist alles wie vorläufig: Ich ordne dein Grab und putze den Ruß von der Laterne.

„Rosanna ist schon so lange fort", hat Andreas letzthin gesagt, „es ist doch wieder einmal Zeit, dass sie anruft." Ich hielt seine Hand. Er schaute durch die leere Luft.

Aus mir kommt das Weinen nicht mehr heraus. Es schleudert in mir herum. Ich habe Angst, dass mir deine Stimme verlorengeht.

Vor der Schule ging ich bis zum Wald. Von weitem sah ich dieses aufgeschlagene Märchenbuch aus Raureif und Zauberlicht. Keine Spur vom üblichen Naherholungsgebiet. Versternte Gefilde nahmen mich auf, und ich verstand mich mit den Vögeln. Ein Rotkehlchen pickte am Weg, in einer Bodenwelle ruckten zwei Amseln.

In der Schule bemühte ich mich um die korrekte Verteilung von Zetteln und Aufträgen.

Am Abend kehrte ich in unsere leere Wohnung zurück. Ich machte kein Licht. Ich sah hinunter auf den Leuchtwurm des Feierabendverkehrs. Der Regen weinte für mich.

Die Tür ging auf, und Selma stand in der Küche. Wie schön und sanft sie ist, deine Schwester, Rosanna. Später ist auch Andreas gekommen.

Er zündete Kerzen an. Aus einer runden Tonschale aßen wir Süßigkeiten. Wir aßen zu viert.

Gestern sind wieder zwei Rotkehlchen gekommen, sie zeigten keine Scheu vor meinen Schritten. Ihre Spuren waren in den Schnee gestickt.

Wir sind in Mooswil, und ich spiele meine Kinderstücke auf dem Klavier, Mozart und Clementi. Die Hände erinnern sich an den Ablauf der Töne. Das Haus führt nach innen, nach innen, nach innen. Das Messer schweigt am Himmel. Das Gewöhnlichste bringt mich zum Weinen: Ich wasche mich und putze die Zähne. Es rührt mich.

Dein Haar will ich waschen, Rosanna. Ich liebkose deinen kleinen runden Kopf mit Kastanienschaum. Sorgfältig spüle ich deine Haare, einmal, zweimal, mit lauwarmem Wasser. Ich habe ein paar Tropfen Zitrone beigegeben. Du freust dich.

Das Feuer weiß immer etwas zu knistern von der Küche her. Andreas spielt Klavier. Er spielt dein Abschiedslied.

„Die blinden Kinder hören uns lächeln", hat meine Praktikantin gesagt.

Wie sicher wir vor 28 Jahren zusammen über die vereisten Felder liefen, Andreas und ich. Im Laufen berührten wir einander zum ersten Mal. Wir hielten uns an den Händen, hielten inne, lachten und schwiegen plötzlich in unbegreiflichem Ernst. Dann blieben wir zusammen.

Dein Vater, Rosanna, weint aufrecht und trägt uns. Dein Vater singt und kocht Gemüsesuppe. Im Fenster steht der große Bär.

Aus den zersprungenen Glocken fällt Ton um Ton auf das gespannte Tambourin. Es ist ein Schlagen und Raunen südwärts über den Grat.

Königin, Königin der Nacht, Königinnen, Aline und du.

„Mir ist, als müsst ich sie ein Leben lang gebären", sagte ich zu Marc an jenem ersten Sonntag.

Auf der Straße weint ein Kind.

Wir räumen hier alles auf und fahren wieder nach G. Wir wechseln die Kerze aus auf deinem Grab. Einzelne schwere Nebel bewegen sich von den Hügeln ins Tal.

Ich bin mit Fleiß im Haus herumgegangen. Ich habe die Fliesen geputzt und die Fenster gemessen. Manchmal trete ich zurück und ein Rufen ist im Zimmer, das mich jederzeit mitnehmen könnte. Dieses Rufen lässt etwas aufkeimen, ein leises Freuen an der Harmonie dieser Räume, jetzt. Eine Rose, eine Kerze, dein Bild. Die Dielen knarren. Andreas spielt Gitarre.

„Hüt dich, schöns Blümelein!", will ich immer singen.

Das Märchen von den Lebenslichtern geht mir durch den Sinn. In einer Grotte werden sie gehütet vom Engel der Wahrheit. Einige sind hoch und weiß, andere flackern und sind am Erlöschen. Ob ein Drache eingefallen ist und eure Lichter gelöscht hat vorzeitig? Ob eure Lämpchen explodiert sind, wie ein Feuerwerk in jener Sekunde? Oder ob eure Zeit bestimmt war, von Anfang an?

Wohin geht das Licht, wenn es erlischt?

In die Ferien wolltest du fahren mit mir. Fahren wir?

Nur du und ich. Wir lassen uns von den Wellen tragen am weißen Strand und schlafen des Abends zusammengerollt in der Mulde. Das Thymianfeuer summt, und wir liegen verborgen im Schilf; wie Moses im Körbchen treten wir die große Reise an.

Nein. Allein treibt dein Körbchen im Wasser. Das Königskind schläft. Die Schaukel löst sich vom Baum. Der Traum des Falters ist verbrannt.

Gegenwärtig ist nur das Fließen, die Bewegung, der Tanz. Wenn wir eins werden mit diesem Strom, werden wir sehend. Wenn wir vollkommen eins werden, sterben wir.

Das Haus hat seine eigene Melodie, die Räume sprechen ineinander, die seidenen Vorhänge zerfallen an den Fenstern. Das Feuer freut sich.

Die Nächte hier glätten die versperrten Atemzüge. Am Morgen fühlte ich noch warme Brote in den Händen, die du uns hingelegt hast.

Wir vier umarmen die Eiche, legen die Stirn an die Rinde, schreiben Nebelwörter mit dem Mund.

Ich war mit Celia auf dem Friedhof. Wir sahen die Dunkelheit kommen. Die Lichter gewannen an Kraft. Celia hat uns fünfhundert Kinderbriefe gebracht, die du ihr geschrieben hast. In der Schachtel auf dem

Estrich haben wir Celias Briefe gefunden, die sie dir geschrieben hat. Beide habt ihr sie mit großer Sorgfalt aufbewahrt.

Celia ist am gleichen Tag wie du geboren, im gleichen Jahr.

„Hoi Celia, hoi Celia, hoi Celia, gasch elei ga schtelzlä, oder gasch gar nid?

Darfst du zu uns kommen, ich hoffe es fest, ich fermise dich nemlich. Ich habe die Haare geschniten fast so kurz wie du, deine Freundin Rosanna."

"Liebi Rosanna, i träum u fill vo dir. Wa mached ir i der Schuel? Mir tönd immer no bruchrächne. Und i der Gschicht hömmers vo de Allemanne. Dafindi lässig.

Vili liebi Grüess dini Fründin Celia."

Zwei kleine Mädchen, die einander schreiben. Die Erwachsenen nehmen es kaum wahr neben ihren Wichtigkeiten. Und alles ist da in eurer Begegnung, Lust und Ernst und Verantwortung füreinander.

Der Weg klebt mir verworren an den Füßen.

Manchmal legt sich das Leid sanfter um mich, und ich sehe dich rund und weiß in jenem zerlichteten Land.

Dann wieder fällt der harte Keil durch mich, und die Angstklammer schraubt sich fester und fester. Aller Wandel geschieht im Zeitraffer, jenseits der Milchstraße werden die Stunden verschlungen. Zelte steigen brennend in den Himmel. Das Tier grinst in den Gärten und heftet sich an mich, selbst wenn ich beten will. Alles will sich auflösen, da sich dein blühender Leib aufgelöst hat. Alles ist Asche und stumm, alles ein Sausen im wartenden Weltenohr.

Ich feile mit der Stirn am Stahl, ich säge die Tigerträne, ich säge die Träne aus Erz.

Es schneit, es schneit ins Wasser und auf die kleine metallene Brücke.

Wegen einer Kleinigkeit war ich ungehalten zu Andreas.

„Wir haben ja nur uns", hat er zu mir gesagt.

Es weint mich immer nur kurz. Das Weinen ist müde geworden. Die Kerze steht mit der Flamme nach unten im Fenster.

Ich habe die spitzen Scherben im Garten vergessen. Ich nehme in B. den nächsten Zug zurück. Die bauchige Flasche ist geborsten vom Eis. Nun ragen die scharfen Kanten aus dem Gras. Ich sammle sie auf, so gut es geht, dass niemand hineintritt. In meinen Bewegungen tickt etwas, als wäre ich aufgezogen. Ich besteige den Zug zum zweiten Mal. Die Fenster der Lagerhallen funkeln, und die Felder liegen dem Frühling zugewandt. Die Zugbeamtin poliert die Fingernagelmonde.

Meine Ärztin hat uns besucht am Cityring. Außerhalb ihrer Praxis sieht sie anders aus. In unserem Treppenhaus war sie eine junge Frau, die mir Forsythien reichte. Wir tranken Tee und schauten Fotos von dir an. Ich könnte zu keiner anderen Ärztin gehen.

Manchmal frage ich mich, ob sich die Leute schütteln und räkeln, wenn sie unser Haus verlassen? Wie wenn man nach einem Krankenhausbesuch auf die Straße hinaustritt, und draußen ist kein Lärm, sondern das Geräusch der Freiheit.

Mooswil

Ich will immer tätig sein, Rosanna. Ich reibe mit den alten Tüchern die Fensterscheiben blank. Tagescrème habe ich gekauft, Feigen und elektrische Heizöfen. Halbpreisaktionen. Ich schiebe gerne schwere Dinge vor mich her. Das gepresste Hühnerfleisch graust mich, ich werfe es zum Abfall.

Ich sorge mich plötzlich um alles: um die Birke, um die Mauerlücke mit den Ameisen, um Andreas und am meisten um deine Schwester. Ein schwerer Hund sitzt mir im Nacken.

Ich ging ins Dorf und nahm dich mit in die Straße meiner Kindheit: Die Luft wog damals leicht vom Duft der Lindenblüten. An die Alleebäume waren Leitern gelehnt und wir Städter kletterten mit Körben hinauf und pflückten und scherzten und führten Gespräche. Die Linden stehen immer noch, aber es würde niemandem mehr einfallen, die Blüten zu sammeln. Die Luft in diesem Stadtteil ist mit Schwermetallen belastet und es wäre gefährlich, sich auf Leitern in der Nähe der Fahrbahn aufzuhalten.

Der Körper reißt mich wieder stärker in diese Welt herein. Ich habe Angst, dass das ein biologischer Überlebensmechanismus ist, der bei den meisten Menschen einsetzt, Monate nach einem Trauma. Noch keine fünf Monate sind vergangen, Rosanna, da will sich ein wuchernder Wulst über die Verletzung wölben, ein Geschwür ohne Nerv und Empfindung.

Jemand hat dein Lachen im Zimmer verstreut. Selma spielt Gitarre und singt in der Küche. Lied um Lied entspringt ihrer Seele, sagt sie.

Ich haste durch die Zimmer und verlege die Stifte, die Brille, das Brot. Andreas kommt spätabends nach der Sitzung über den Friedhof.

Wenn meine Zeit kommt, Rosanna, willst du dann noch Ferien machen mit mir? Wie du es gewünscht hast an unserem letzten Abend, als wir Arm in Arm unter den Lauben der Altstadt gingen?

Ob es das gibt dort, wo wir hinsterben? Ferien an einem weißen Strand? Kiesel und Wellen? Gespräche unter dem wandernden Sternbild der Leier? Worte, durchflossen von Klarheit und Stille? Das Klappern von Tellern in der Nacht? Von ferne Akkordeonklänge? Sand und Algen im Haar? Sonnenbrand, Durst und Orangen?

Wie schön wir sind, meine Tochter, in den Zelten der Sehnsucht.

Ob es das gibt in deinem Dort? Und ob wir noch wünschen wollen?

Ich wanke zwischen allem Begonnenen hin und her; angefangene Sätze, ein verbranntes Gericht in der Pfanne. Der Staubsauger steht seit Tagen auf der Treppe, ich habe mir Saft eingeschenkt und habe vergessen zu trinken.

Ines ist gestorben, die Frau meines Cousins. Sie war sehr krank. Sie war bereit zu gehen, obwohl ihr Mann und ihre vier Kinder leben, und die Enkelkinder bunte Bilder malten für sie. Tief muss sie gelitten haben. Ich lerne das erst jetzt, dieses „Bereit-sein", nachdem du mir vorausgegangen bist.

Irrtümlicherweise wurde die Todesanzeige von Ines nach Mooswil geschickt. Als ich sie fand, war die Bestattung schon vorbei.

Andreas und ich saßen am Hügel. Früher stand hier der Galgen. Obwohl das Bauland günstig ist und die Lage sonnig, wird diese Adresse von vielen jungen Familien heute noch gemieden. Wir nahmen nichts Düsteres wahr. Kinderstimmen drangen zu uns, und eine Amsel sang in der letzten Tageshelle. Wir saßen den Wolken zugewandt und ahnten dahinter den Sonnenuntergang. In sehr großer Höhe surrte ein Sportflugzeug. Es roch nach Milch und Benzin, als sei über den Dächern des Dorfes der Sonntag stehen geblieben.

Das Herz will nicht mehr in mich passen. Es beengt die Organe. Der Atem verkleinert sich.

Ein Kind haucht auf die Scheiben im Zug, es malt mit dem Zeigfinger Tiere darauf und ein Herz. Als der Hauch vergeht, sind die Tiere immer noch auf der glatten Scheibe sichtbar. Nichts ist ausgelöscht. Die Mutter des Kindes weint fast vor Müdigkeit. Sie sagt kein Wort und zieht das kleine Mädchen stumm zur Tür hinaus.

Februar

Sterben wir aufwärts? Schon in der Knospe beginnt es. Sich Aufrichten, sich verneigen; all unsere Gebärden haben in den Pflanzen ihre Gestalt.

Der Berg hat noch kaum etwas preisgegeben von seinen Kristallen.

Dieser Frühling brennt mir bereits in den Augen. Wie kann er sich erlauben zu blühen?

Früher oder später gehen wir alle zum Strand. Da wird es sich weisen, was wir gelernt haben von den Vögeln und vom Fluss. Das Herz wird uns entfliehen, wie ein Kaninchen im Legföhrenwald.

Die Schlangen schlafen den Novemberschlaf, und in den milden Senken leuchten grau und hell die Weidenkätzchen.

Ich stieg ins Tobel hinab, suchte das schelmische Blinken in deinen Augen, horchte hinein in die Feuchte und das Rauschen. „Das Brünnlein singt und saget."

Dass wir Verbündete seien, wir vier, wünschte ich an der Weihnachtsfeier. Ich kniete, und als ich das Seidenpapier von meinem Lebkuchen entfernte, fand ich vier Sterne aus Zucker, fein im Kreis gezeichnet.

In den Dörfern wird die Fasnacht gefeiert, Rosanna. Ich denke an unsere poetischen Fasnachtsfeste in den Bergen. Einmal hatten wir das Thema „Reisen" gewählt. Da kamt ihr als ein riesiges Paar Schuhe verkleidet, deine Freundin und du. Dieser Anblick rührte alle, diese großen wankenden Schuhe, die einsam durch den Schnee gingen.

Ich betrachte Fotos von dir, wie du als erwachsene junge Frau mit den behinderten Menschen im Heim die Fasnacht vorbereitet hast. Man sieht euch beim Nähen und Basteln. Am Fest ist dein feines Gesicht ganz weiß geschminkt unter einer schweren weißen Blütenkrone aus Pappe.

Nun taumeln die verkleideten Gestalten am Bahnhof wie jenseits an mir vorbei.

Die Fasnacht legt die Endlichkeit der Menschen bloß.

Hier in Mooswil waren wir zum letzten Mal zu viert als Familie zusammen. Hier habt ihr einander zum letzten Mal gesehen, deine Schwester und du. Eng gedrängt saßen wir alle auf der weißen Bank. Vor der Haustür hast du uns Brot und Salz gereicht mit tiefem Ernst. Ich wollte nichts ahnen.

Selma musste vom Bahnhof aus anrufen, um unser Haus zu finden. Sie trug eine schwere Wassermelone. Die Küche war noch nicht eingerichtet. Wir aßen Brot, Käse und Salami und tranken den Holundersirup, den du mitgebracht hast. Auf dem Campingkocher machten wir Kaffee.

Du liefst durch alle Räume und freutest dich. Das Dachzimmer gefiel dir am besten. Im offenen Fenster stand die hohe Birke, als wisse sie alles. „Hier ist es so schön, hier werde ich mich erholen, wenn ich zu euch komme", sagtest du, „müsst ihr wirklich so viel renovieren? Es hat doch überall Kachelöfen." Die Buchsbüsche im Garten behagten dir nicht.

Nun ist das Haus so einfach renoviert, wie du es dir vorgestellt hast.

Später an jenem Sonntag seid ihr zusammen übers Feld gegangen, bis zu der Stelle, wo sich die beiden Bäche treffen. Selma verlor ihre Haarspange.

Die Nachbarin sprach uns an und führte Andreas und dich im alten Amtshaus herum. Sie erzählte von früher und erklärte dir die Räume, immer sprach sie mit großem Nachdruck zu dir, obwohl dein Vater in seiner Größe neben dir stand.

Wenn ich die Nachbarin heute auf jene Begegnung anspreche, erinnert sie sich nicht mehr.

Am Abend machten wir einen Rundgang im Dorf. Ich ging Arm in Arm mit dir. An der Böschung blühten die weißen Winden. „Muttergottesbecherlein", sagtest du, „weißt du noch, Mam, wie du uns früher die Geschichte erzählt hast von den Muttergottesbecherlein: Ein Fuhrmann gab der Jungfrau Maria aus den Blütenkelchen der weißen Winden Wein zu trinken, seither sind sie an den Rändern rötlich angehaucht." Etwas wie Weihnachten rührte uns an.

Am Bahnhof winkten wir euch. Wir standen unerklärlich einsam.

„Nun komm ich noch einmal, und dann nimmermehr …"

In dieser Nacht schliefen wir zum ersten Mal in Mooswil.

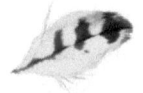

Netzhaut

Die Schneeglöckchen machen mich froh, kaum jemand sieht sie zwischen den Eisresten unter der Tanne. Sie sind mir Frühling genug, mehr müsste gar nicht blühen.

Es ist gut, zu träumen und zu weinen: Könnten wir noch einmal sitzen zusammen am weiß gedeckten Tisch, im Rauschen des sprechenden Baches, und ich reichte dir die Speisen: das Olivenöl, das Brot, die kleine Tasse Espresso. „Hat es noch Gutzeli?", würdest du fragen, und ich hätte zuhinterst im Schrank noch Süßes für dich, Schokoladekugeln, die du so gerne gemocht hast. Immer hast du nur wenig von den feinen Sachen gekostet.

Ich hätte extra ein Stück geübt für dich, eine kleine Nocturne von Chopin, und du sagtest: „Wie schön, dass du wieder Klavier spielst, Mam!", so würdest du sagen. Wir stiegen hinunter in die alten Kellergewölbe, und ich zeigte dir die Muscheln in der Mauer, die versteinerten Labyrinthe, und du befühltest sie mit deinen Händen, mit jener Aufmerksamkeit und dem tiefen Entzücken, mit dem du der Welt begegnet bist.

Und Selma zöge dich in ihr Zimmer, wo die Sonne wartete auf euch Schwestern, und ihr zupftet die bunten Sommersachen aus der Truhe: Blüschen und Blumenröcke legtet ihr an und tanztet durch die Räume zu den Zigeunerklängen der neuen CD. Deine Geige packtest du aus, und auf den Samt des Kastens legte ich eine Apfelrose, verwachsen, stachelig und schon halb entblättert …

Ich weine und sitze und weine im unerträglichen Weiß meines Traums. Ich lausche dem Gespräch der Dielen. Gibt es auch Farben in deinem Jetzt, Rosanna? Wärme weine ich dir zu.

Martin ist gekommen und baut mit uns den Zaun um den Garten neu. Der Zaun ist sehr wichtig, er hält das Wachsen zusammen. Der Zaun schützt uns. Der Zaun ist braun und rot. Martin ist Andreas' Freund. Martin ist unser Freund, wie Geschwister sind wir geworden, seit du gegangen bist, Rosanna. Immer wieder kommt er zu uns und nimmt die notwendigen Reparaturen in die Hand.

Plötzlich musste ich um Mutters Pelzmantel weinen, den die Motten gefressen haben, weil ich nicht wusste, was ich damit anfangen sollte.

Verzagt steh ich vor Andreas' Schreibtisch, ich suche dein Gesicht, deine Stimme, die letzten Augenblicke vor deiner Abreise, Rosanna, als du hinter mir standest wegen dem Handy. Und dann gingst du, wie immer. Nur für immer.

Der Stein fällt in den Brunnen, fällt und fällt und schlägt nicht auf.

Die Winterlinge blitzen gelb im Schnee, die Erde birgt das kosmische Wort, die Erde ist ein Krug aus dem Himmel gebrannt.

Heute früh mach ich kein Licht. Ohne Lampe ist weniger Gewicht in der Küche. In jeder Blume spiegelt sich ein Lächeln von dir. Ich kann mich nicht begnügen. Ich presse mein Gesicht an diese Scheibe. Ich will blind sein, dich zu sehen.

Könnt ich mich dem feinen Grün ergeben, dem Amsellied, dem Frühlicht auf der Trockenmauer, der rötlichen Kastanienknospe, dem Rotkehlchen. Alles hat sich eingeschmerzt in die Netzhaut der Seele, geritztes Muster unbegrenzt nach innen.

Wir haben Holz aufgeschichtet, eine kunstvolle Welle aus Eiche und Esche am Abhang, faserig und duftend; „noch grün", sagt man, obwohl keine Spur von grün daran ist. Gestern hockte eine rot gefleckte Katze am Küchenfenster. Und das Rotkehlchen?

Die ersten Worte sind mir noch im Ohr, die ich in diesem ‚Nachher' gesprochen habe: „Wir haben es immer nur schön gehabt. Sie war vorbereitet. Jetzt wird alles anders. Musste das Schrecklichste passieren, dass wir aufwachen?"

Wachen wir?

In der Nacht erhob ich mich tastend. Ich suchte dich im Dunkeln, als wäre ich ein Kind, und wäre schlafend in ein fremdes Haus getragen worden.

Die Abendseite des Hauses wurde vom Regen gepeitscht. Die Fenster standen im Wasser. Die weiße Bank war nass. Auf der weißen Bank waren wir zuletzt mit euch Schwestern zusammen an jenem Sommernachmittag.

Es ging nicht an, deine Hand zu halten oder meinen Arm um dich zu legen. Wir hatten alle Stunden der Welt vor uns; mit Kaffeepausen, Lilien und Enkelkindern.

Ich öffnete das Fenster, es regnete herein auf die Fliesen und auf mein Gesicht. Schlammiges Wasser floss durch die Gasse.

Es regnete auf die Blätter und in den Brunnen und auf den Stapel mit Brennholz am Zaun.

Plötzlich war es still. Es roch nach Kraut und Pferden und im bläulichen Licht der Straßenlampe sah ich die ersten saftigen Triebe der Tulpen in der überschwemmten Rabatte.

Ich ließ das Fenster offen und legte mich auf den kleinen Teppich in der Kammer. Ein Gedicht aus meinem Schulbuch kreiste im Kopf:

Vorfrühling

Der Brunnen klingt,
Ein junger Hahn kräht
Und es tropfen
Die Tränen der Rebe.

Huflattich hebt
Die samtene Erde.
In Nestern von Sonne
Rollen sich duftende Katzen.

Große Gebärden
Hat die Wäsche im Wind,
Wie die Seile und Segel
Der Häfen.

Alles wird kommen:
Sommer und Regen.
Schatten der Störche
Blitzen im Blau.

(Albin Zollinger)

Von weither hörte ich ein rhythmisches Stampfen. Güterzüge waren unterwegs durch die Nacht mit ihrer schweren verborgenen Fracht. Das Käuzchen rief von der Mühle.

Dann muss ich eingeschlafen sein.

Deine Hände legen sich auf meine Schultern. Dein ganzes Wesen ist darin. Wie gütig sich deine Hände auf die Dinge legten: auf Rinden und Wurzeln, auf die Frucht und auf das warme Brot. Ein paar Mal hast du mir den Rücken massiert. Es gehörte zu deinem Beruf, das Berühren und Heilen. Zu Weihnachten hast du mir einen Gutschein geschenkt für eine Ganzkörpermassage. Ich habe ihn nicht eingelöst.

An unserer letzten gemeinsamen Weihnacht waren wir zum ersten Mal nicht bei uns zu Hause. Daniel und Nadine hatten uns eingeladen. Sie hatten vor kurzem in Frankreich nahe der Grenze ein Haus gekauft. Der Tisch war festlich gedeckt, mit Weiß und Grün und Weihnachtsrot. Auch dein Haar war flammend rot. Du hattest es mit Henna gefärbt. Daniel machte Feuer im Kamin und erzählte von Nepal. Wir tranken Tee mit Zimt. Selma fehlte so sehr. Sie war irgendwo in Brasilien, und wir konnten sie nicht erreichen. Ich sorgte mich um sie; zu Recht, wie ich später erfuhr. Du schenktest mir einen lindengrünen Pulli aus Wolle. Er liegt mit einem Fleck im Schrank, und ich bringe es nicht fertig, ihn zu waschen.

Am Weihnachtsmorgen fuhren wir zum See. Helle Nebel krochen übers Wasser. Wir gingen im Nieselregen. Ein kalter Wind kam uns entgegen. Das gefiel dir. Du liefst allein auf die Mole hinaus und schautest zurück. Wir machten ein Foto. Darauf stehst du in sehr großer Entfernung.

Wir hatten unser neues Videogerät dabei und machten Aufnahmen vom Familienfest.

„Das habe ich nicht gern", sagte Nadine, „ich habe erlebt, dass jemand gestorben ist, nachdem Aufnahmen gemacht wurden."

Ich sah sie befremdet an.

Die Aufnahmen haben wir noch. Wir werden sie vielleicht nie anschauen.

Wie nah seid ihr einander nun, Selma und du, als wäre der Steg zwischen hier und dort an eurer Stirne festgemacht.

Ich bin so zerschraubt und zerschnitten und habe doch gelernt, zu schweigen und zu lächeln. Dieses Lächeln ist nicht gespielt. Es ist, als hätte ich den Zugang gefunden zu einer öffentlichen Schale, die mit Heiterkeit gefüllt ist. Daraus kann ich mich bedienen nach Bedarf und verhalte mich erträglicher.

„Ich kann dich nicht trösten", hat eine gute Freundin zu mir gesagt. „Du musst mich nicht trösten", möchte ich antworten, „wir könnten Tee aufsetzen von Rosannas Minze. Wir müssen nichts sagen, kein einziges Wort."

März

Ich will dich immer fragen, Rosanna. Ich will dir keine Unruhe geben. Ich will lernen und Kraft finden.

Ich höre den Bäumen zu. Sie wachsen im Gleichklang mit Gott.

Gestern fuhren wir nach W., um deine Kleider zu holen. Wir warteten am Marktplatz auf Marc. Er fährt jetzt auf deinem orangefarbenen Velo. In einem Restaurant aßen wir zusammen. Wir sind nicht mehr angespannt. Eine neue Entfernung schützt uns. Marc hat eine neue Freundin. „Es ist gut", dachte ich, „es geht ihm besser." Das Essbesteck machte mir die Hände kalt.

Wir gingen zur Paulusstraße. Deine Kleider waren in Plastiksäcken im Keller. Wir legten sie in Mutters alte Kunstlederkoffer. Marc hat deine Wäsche und die Socken in die Texaidsammlung gegeben.

„Sie hat so schöne Socken gehabt", sagte Selma. Ich berührte das violette Samtkleid, das du an unserem letzten Abend getragen hast, und das Jäckchen mit dem Pelzbesatz. Es sind nur wenige Sachen.

„Was wollt ihr damit?", fragte uns Marc.

Ich sagte: „Vielleicht ziehe ich das eine oder andere an."

Wir kamen erschöpft nach G. Am Bahnhof trafen wir Erich, den wir lange nicht gesehen hatten. Er spielt Orgel und schreibt Gedichte. Wie konnte er wissen, was uns passiert war? „Wie geht's?", fragte er und schaute auf die Koffer. Ohne etwas zu sagen, verabschiedeten wir uns schnell und gingen zum Bus.

In der Nacht bist du im Traum gekommen. *Du saßest auf dem kleinen Wandschrank in der Küche in Mooswil. Du warst so selbstverständlich anwesend und sprachst mit lebhaften Gebärden. Wir waren heiter und ohne Furcht. Ich verwunderte mich keinen Augenblick, obwohl mir dein Sterben bewusst war. Beinahe vergaß ich, den Traum festzuhalten beim Aufwachen. Was wir gesprochen haben, weiß ich nicht mehr.*

„Die Märzensonne macht Kopfweh", hat eine alte Frau im Zug gesagt.

Ich würge an der Lebensschnur: eine zähe Lakritze, die ich nicht ausspucken kann.

Ich halte dem Frühling stand. Es zwitschert und singt in der Thuja Hecke, und über Dächern und Feldern kreisen die Weihe. Ich gehe übers Land und sehe in den Bauerngärten die Kinderspielsachen, Sandeimerchen und bunte Wägelchen. Die schneiden mir ins Herz. Wie kommt es, dass ich nun um deine Kinder weinen muss? Ob du Mutter geworden wärest, schon bald? Vor kurzem hast du mich darauf angesprochen, dass ich dich in deinem Alter geboren habe. Die jungen Frauen ziehen den Kindern die Wolljäckchen aus, weil es ungewöhnlich warm ist. In dieser fürsorglichen Gebärde wirst du mir sichtbar. In allem wohnt Abschied.

Ich fliehe die Ausflugsterrassen, die Seepromenaden und die weißen Schiffe mit der Marschmusik.

Dein erster Frühling wird mir lebendig. Wir wohnten noch im alten Haus hoch über Tal und Wald. Ich trug dich zum Bach hinaus, wo die

Veilchen blühten und die Kuckuckslichtnelken. Unverletzlich fühlte ich mich mit dir auf den Armen, jünger als in der Mädchenzeit.

Im Winter war mein Vater gestorben, und meine Mutter konnte sich nicht freuen an den Blüten und an der Wärme. Ich schirmte mich ab gegen ihre Traurigkeit. „Denk daran, dass es Rosannas erster Frühling ist", schrieb ich ihr.

Nun gelingt mir keine Glücklichkeit. Die Mäuse haben einen Teil der Blumenzwiebeln gefressen. Ich habe Kornblumen und Malven gesät in die alten Tonschalen vom Estrich.

Mir träumte, du habest Geburtstag. Von hinten erkannte ich deine Gestalt in der Menge. Ich hatte kein Geschenk für dich und lief zur Bäckerei. Später hastete ich an der Heiligholzkirche vorbei. Ich hatte Blumen und Gebäck in der Hand und suchte den Heimweg. Unvermittelt drängte ich mich in einen tschechischen Bus: „Ich muss mich beeilen", sagte ich zu den Leuten. „Es ist schon zehn Uhr!" Dein Fest hatte schon begonnen, und die Blumen waren zerdrückt.

In der Küche zittert die Kerzenflamme. Unter der Birke pickt das Rotkehlchen.

Wieder kamst du im Traum: *Wir waren zusammen in einem Seminar. Du gabst uns Unterricht in Bewegung. Ich saß an deiner rechten Seite. Du strecktest mir deine Hände hin, dass ich sie befühlen konnte. Deine Hände sah ich deutlicher als dein Gesicht, sie waren feingliedrig und stark. „Wie schön, dass ich deine Hände nochmals richtig anschauen kann", sagte ich. Später erhobst du dich und gingst in einen langen dunklen Gang. Ein junger Mann folgte dir und klammerte sich von hinten an dich. Er hängte sich mit seinem ganzen Gewicht an deine Schultern und an deinen Kopf und zog dich fast zu Boden. Mich berührte es seltsam, aber ich ahnte, dass es zu den Regeln gehörte. Du schautest zurück, gelassen lächelnd: „Das macht man jetzt auch mit Behinderten", sagtest du, „die Kranken tasten sich ganz intensiv in den Körper des Therapeuten ein. "*

Der Traum wurde mir erst nach einigen Stunden bewusst. Er war mir so vertraut wie ein Kleidungsstück, das ich schon immer getragen hatte.

Ich würge an der freien Zeit herum; ausruhen ist schwer und arbeiten ist streng. Um die junge Birke leuchten Krokusse gelb und violett. Winzige Spitzen deiner marokkanischen Minze drängen sich aus dem alten Laub. Unvergleichlich ist ihr Duft, südlich und herb. Er vertreibt Feuchtigkeit und Kälte. Ich entferne das Moos mit einer Harke, überall wächst Moos und Scharbockskraut.

Die alten Frauen schieben ihre Fahrräder durch das Dorf. Sie benützen ihre Fahrräder als Stütze.

Mir träumte von Manda.   *Wir waren in einem Camp zusammen, das einem Flüchtlingslager glich. Es regnete ohne Geräusch und ich fror. Knietief wateten wir durch den Sumpf von Hütte zu Hütte. Die Hütten hatten keine Wände, nur mit Gras gedeckte Dächer. Ich gab Manda die Hand und erschrak ob ihrer weißen Beine unter dem roten Wollrock. „Dass meine Mutter nicht anruft", sagte ich zu ihr, „wo wir es doch so schwer haben wegen Rosanna." „Deine Mutter habe ich gut gekannt", sagte Manda und sah mich freundlich an. „Manda darf sterben, wann immer sie sterben will", sagte jemand in der Dunkelheit. Manda legte ihre Hand auf meine Schulter und sang ein indianisches Lied. Da sah ich plötzlich deine Füße Rosanna. Sie waren hell und Sand rieselte darauf. Du gingst neben uns und nur deine Füße waren mir sichtbar. Ich empfand eine große Zärtlichkeit. Ich erwachte und sah eine Leuchtspirale einwärts erlöschen.*

Ich habe im Garten gearbeitet. Graupelschnee fiel und Regen, und der Wind griff in die Thujahecke. Ich schüttelte die Erde von den Rasenstücken. Sie waren schwer von der Nässe.

Als es dämmerte kam das Mädchen Tanja. Sie wohnt mit ihren Eltern auf der anderen Seite des Baches. Immer zieht etwas Frohes in mich ein, wenn sie kommt. Sie ist geistig behindert. Sie schaute mir beim Kochen zu und sagte: „Jetzt wohnst du bald hier." Wir betrachteten zusammen den Mond. „Bist du immer noch traurig?", fragte sie. „Ja", sagte ich. „Warum?", fragte sie. „Rosanna ist gestorben." „Ja, ja", sagte sie, und mit großem Ernst in der Stimme: „Ich werde dich trösten." Sie kann das.

Immer, wenn sie in die Küche kommt, geht sie zuerst zur Kerze und zum Foto. Sie begrüßt dich, dich und Aline.

Der Frühling ist wieder zugeschneit. Selma hat angerufen. Sie ist sehr gewachsen, innen. Wenn ich daran denke, wie ich war in ihrem Alter, ist da ein großer Unterschied. Sie nimmt dich überall hin mit.

Zwillingslieder klingen aus ihr. „Du liebes Tier", sagt sie zu den Pferden, zu den Hunden und Kühen, und wendet sich ganz persönlich an sie. Als wären ihr die Tiere näher gerückt, seit du gestorben bist.

Die Magnolien blühen in den herrschaftlichen Gärten. Es ist null Grad kalt. Wir haben alle etwas Fieber. Das Fieber entspannt uns. Ich biege an den Stunden herum. Unverrückbar sind sie. Morgen ist Karfreitag.

„Golgatha ist überall", stand im Kirchenblatt.

Immer, immer ist Golgatha.

Ich lese den Tod jetzt anders in den Zeitungen. Die Stimmen der Verletzten und Trauernden kommen bis in mein Haus.

Wieder und wieder fahren wir mit dem Zug hinaus; hinaus aus der Stadt in unser Dorf. Wir tragen unsere Habseligkeiten, welch schönes Wort: Pfannen und Bücher, Brot und Rosen – und weiße Kerzen.

Nach deinem ersten und einzigen Besuch hier hast du dich auf der Heimreise etwas besorgt an deine Schwester gewandt: „Ein schönes Dorf, und die Leute? Hoffentlich sind sie nett zu Mama und Papa." Ja, Rosanna. Die Leute hier sind freundlich.

Erst in der Erinnerung erscheint uns das Königskind, das aus deinen Augen blickte. Eher verschlossen warst du als kleines Mädchen, als müssten wir dein Vertrauen erst verdienen. Wir rückten näher und näher, was vielleicht ungewöhnlich ist für Eltern und Kinder.

„Sie hat doch auch Fehler gehabt", sagte jemand. „Ja", antwortete ich. „Sie war ein Mensch."

Eine einzelne Schneeflocke zergeht auf dem Scheit in meinen Armen. Ich schmiege mich an die Mauer. Durch die Wand möchte ich wachsen, das Stirnholz sprengen.

Ich schrieb: „Ich bin schwach"" Ich strich die Worte durch und schrieb: „Ich liebe dich."

Am Cityring habe ich die alte Frau wieder getroffen. Sie weinte, und ich musste zur Arbeit. „Weinen Sie nicht", sagte ich, „am Dienstag rufe ich Sie an, dann holen wir zusammen Ihre Rente auf der Post." Verloren irrt sie im Quartier herum, in dem sie seit mehr als fünfzig Jahren wohnt.

April

Die Rotmilane tanzen über dem regenschwarzen Wald, eine Taube trinkt am Brunnen, und die Sägen kreischen in der Zimmerei. Es wird wieder gebaut, jetzt wo der Frühling kommt, Rosanna. Ich habe einen Geschmack von Eisen im Mund. Ich spreche mit Nachdruck von dir, erzähle und lache, zu laut und zu schnell, in jäher Angst, dich tot zu schweigen.

Mir gegenüber im Zug sitzt eine Frau und liest. Sie trägt „unsere" Silberkette. Nie habe ich eine gleiche Kette gesehen, mit feinen Mustern wie Ranken und Knospen. Als junges Mädchen sah ich sie in einem Schaufenster, und meine Mutter hat mir den geheimen Wunsch erfüllt. Ich schrieb sogar einen Schulaufsatz darüber. Ich habe die Kette viel getragen, und auch du hast sie oft umgelegt, als du erwachsen wurdest. Und nun trägt diese Frau die gleiche Kette. Ich möchte sie ansprechen, und schweige dann.

Tausend „Weißt du noch"-Briefe möchte ich dir schreiben.

Weißt du noch, nach dem Johannifeuer oben am Bergsee, wie wir übers Moor nach Hause gingen, über das federnde Moos? Deine Laterne leuchtete als erste. Schmetterlinge und bunte Monde aus Papier hattest du aufgeklebt. Alle zündeten ihre Kerzen an deiner Flamme an. „Licht wird größer, wenn man es teilt", sagte die Musiklehrerin.

Als wir in den Wald kamen, kicherten wir und alberten herum, denn der Weg war steinig und verwachsen, und wir stolperten und stießen einander im Scherz. Die Füße lernten die knorrige Wurzelschrift.

Und weißt du noch, wie wir mit unseren Freunden am Feuer saßen an den hellen Abenden im August? Dein Vater spielte auf seiner Gitarre und wir sangen: „Michel row the boat ashore" und „Kein schöner Land in dieser Zeit". Wir sahen zum Himmel, und Andreas erklärte die Sternbilder mit ihren klingenden Namen, und wir waren alle stolz auf ihn.

Und weißt du noch, die Leuchtkäferchen und den Duft nach Föhrenharz und Thymian? Und weißt du noch, die gleißenden Sommertage, die wir im Bachbett der Furgla verbrachten, springend von Stein zu Stein, geblendet und taumelnd in der Überfülle an Wärme und Licht? Und die Schlupfwinkel, die wir bauten aus Steinen, Moos und Schwemmholz. Wir turnten an der Tafel des Kraftwerks, die vor plötzlichen Flutwellen warnte. Wir missachteten die Vorschriften und fanden es natürlich, verschont zu bleiben. Und weißt du noch, am Rand der Schlucht die Bäche und Quellen, und im Moosgrund den Frauenschuh, die fremde Schönheit? Unvermittelt tauchten die Blüten auf am Weg und ein leises Erschrecken zuckte durchs Herz, als hätten wir einen verbotenen Garten betreten.

Und weißt du noch, am Martinstag, die schwankenden Räbeliechtli in der Dunkelheit? Oft lag bereits Schnee und eure feinen Kinderstimmen zitterten in der kalten Luft. Und nachher tranken wir Tee und aßen Honiggebäck.

Natürlich, weißt du noch!

Früh gingst du eigene Wege, verbargst dein Wesen. „Selber", war eines deiner ersten Worte. „Selber" die Jacke anziehen und „selber" den Löffel halten.

Und jetzt, als wir immer klarer einander sehen lernten, wurdest du weggerissen.

Vor einigen Monaten sprachen wir zusammen am Telefon. Wir sprachen über den Lebenssinn und über das Einteilen der Kräfte. Ich sagte, dass ich mich schwach fühlte, wenn ich in mir selbst gefangen sei und nicht wirklich auf andere eingehen könne; und dass ich immer wieder üben müsse, aus diesem Kreis hinaus zu treten.

„Ja", sagtest du, „so ist das, das ist Schamanismus." Wir waren still in dieser neuen Nähe.

Letzten Winter besuchte ich dich überraschend auf dem Paulusplatz, wo du an einem Stand Spielsachen und Figuren aus dem Harzgebirge verkauftest. Du freutest dich. Du schenktest mir heißen Tee ein aus deiner Thermoskanne und reichtest mir süße „Bärentatzen". Später holte ich gebratene Maiskolben für dich. Du liebtest sie mit Curry.

In meiner Erinnerung bist du immer in „deine" Farben gekleidet: orange, gold, rot, violett.

Am Stand gegenüber kaufte ich einen Schal in meinen Farben: türkis, grün, graublau.

Den Schal trage ich immer noch gerne.

Rosanna, ich weiß nicht zu sagen, wie lieb du mir bist. Dass mir vielleicht beistehe der Widerschein der Kerzenflamme am Fenster oder der Leberblümchen stummes Blau.

Nun bereiten wir alles vor, um nach Mooswil zu ziehen. Ich habe die Bündel mit den Trauerbriefen in eine Bananenschachtel gepackt.

In den Büchern über Trauernde steht, es sei nicht ratsam in der ersten Zeit die Wohnung zu wechseln; und wirklich, der Abschied vom Cityring tut weh. Viele glückliche Stunden haben wir hier zusammen erlebt, haben gelacht und Gespräche geführt, die in die Vergangenheit und in die Zukunft wiesen. Tanz und Musik und blühendes Leben erfüllte die alten Räume. Hier waren wir zusammen, zum letzten Mal, und hier brach dieser Riss durch unser Leben, der mitkommt überallhin.

Doch immer, wenn ich in unserem Haus auf dem Dorf ankomme, weiß ich: Das ist unser Ort.

Einmal, ich hatte die Fenster geöffnet in alle Richtungen und ließ die Wärme ein, flog ein Buchfink durch das Fenster und ließ sich nieder auf dem Tisch im Stübchen. Ohne Scheu sah er mich an mit seinen wachen schwarzen Augenpunkten. Bewegungslos stand ich und rief deinen Namen. Er blieb sitzen, rührte sich dann und flog ohne Eile zum Küchenfenster hinaus.

April

Immer noch kommt es vor, das ich entsetzt erwache. Schrecklichkeit ist im Zimmer, und ich brauche Sekunden, um dein Sterben zu erinnern. Ich muss mich nach und nach zusammensuchen. Wir kennen nun die Bedeutung des Ausdrucks „böses Erwachen".

Angst und Sehnsucht halten sich die Waage am Rand der Tiefen.

Der Ernst in deinem Lächeln hält mich und die Bilder deiner Kindheit: An einem heißen Sommertag waren wir am Bahnhof von Lindau, unterwegs zu unseren Freunden. Barfuß, im hellblauen Sommerkleid, hüpftest du singend von Randstein zu Randstein, „ting, tang, Töchterlein", ein Bienchen unter all den verschwitzten Leuten, nipptest du Tröpfchen von Welt.

Ich gehe mit diesem Empfinden körperlicher Schwäche herum, als stände ich immer auf einem hohen Turm ohne Geländer. Ich verharre am Fenster, zusammen mit dem Bernstein, mit den Blaumeisen, mit dir.

Wir sind umgezogen, mit einer kurdischen Familie, die hier ein Unternehmen für Zügeln und Putzen gegründet hat. Wir meldeten uns auf ein kleines Inserat im Stadtanzeiger. Wir erzählten von dir, Rosanna, und die Männer haben sofort verstanden. Überall packten sie gründlich an, schleppten die schweren Bücherkisten, die Frauen putzten die Wohnung. Viele Freunde halfen uns, auch Freunde von dir, Sebastian und Walter, und wieder Daniel. Andreas war sehr geschwächt vom

Asthma, und ich fürchtete immer, dass er sich überanstrengt. Alle zusammen saßen wir in der Küche in Mooswil und aßen Spargelcremesuppe mit Brot, Käse und Hühnerwurst. Die Zügelmänner sind Muslime. Vertrautheit kam auf. Sie fragten uns, warum wir Fotos von dir aufhängen, Rosanna, und Kerzen anzünden. Bei ihnen sei es umgekehrt: Die Bilder werden mit Tüchern verhüllt, wenn jemand gestorben ist.

„Vielgestaltig ist die Wahrheit", dachte ich und wandte mich zu deiner Stimme.

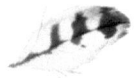

Herzhöhe

Nun wohnen wir hier. Im Garten empfangen uns die Tulpen, schmale gelbe und rote und weiße Kelche auf hohen Stängeln. Man ahnt den strömenden Saft.

Die Zügelkisten lasten auf dem Estrich. Das Haus ist stark. Wir haben Mottenpapier zwischen deine Kleider gelegt, Rosanna. Ich roch an deinen Kleidern und weinte. Ich kann nichts davon anziehen.

Über dem Grau zieh ich mich bunt an. Du willst es so. Sommerschnee ist auf dein Herz gefallen.

Manchmal ist es überall brüchig, wo wir hintreten. Wir klammern uns aneinander, wir drei. Jeder Angstschatten will sofort Wurzeln schlagen in der dünnen Haut. Wir bemühen uns, tagsüber immer etwas Schlaf aufrecht zu erhalten. Einige der anderen verstehen und nehmen Schürfungen in Kauf in dieser helllichten Nacht.

Ein Mädchen mit rotem Haar ging auf der Straße. Ich sah ihr lange nach, bis das Zittern nachließ.

Keine ist wie du, Rosanna, so anmutig und heiter, so strahlend, tief und stark.

„... sie hat doch auch Fehler gehabt", sagte jemand.

„Ja, ja natürlich", mehr weiß ich nicht zu sagen.

„Nur ihr Körper ist zerschlagen", hat jemand gesagt, um mich zu trösten.

„Der Körper ist wichtig", antwortete ich.

Nun bist du ausgewandert auf den blinden Fleck meines Herzens. Sacht wächst ein Ohr im weißen Land.

Diese stete Sorge um deine Schwester, ich mache mich schuldig damit.

Ich weiß, wie wichtig dir das ist, dass sie aufbricht wieder ins sinnliche Leben, dass sie tanzt und singt und Zukunft will. Ich habe die Steine gewaschen im Bach und einen Kreis um deine Birke gelegt. Ob das von Gott ist, dass ich knie?

Auf Herzhöhe bin ich heute der feinen Wölbung deiner Füße begegnet.

Ich legte Brot auf den Tisch in der Laube. Es wurde warm von der Sonne. Zum ersten Mal aßen wir Frühstück im Garten. Ein Aurorafalter taumelte in der Minze, und das Pfeilkraut von deinem Balkon schlägt kräftig aus, jetzt wo es Grund und Boden gefunden hat.

Die Wirklichkeit ist ganz nah neben den Dingen, um ein Weniges herausgerückt aus dem Bild. Ich spreche immer in der Frageform von Gott.

„Sie ist in der Hoffnung", sagte meine Mutter von einer schwangeren Frau. Selmas Freundin erwartet ein Kind.

Ich lasse mich treiben wie das Däumelinchen in meinem Kinderbuch, auf einem Blatt mit eingerollten Rändern. Eva war hier, mit David, deinem Patenkind. Er spricht ganz offen von dir und malt dir Bilder in allen Farben. Der Himmel ist ihm selbstverständlich; ein Wohnhimmel, wo man kocht und schläft und Geburtstag hat.

Mai

Morgen ist Muttertag. Vor einem Jahr saßen wir bei euch im Garten, Rosanna. Der lange weiß gedeckte Tisch mit den Blüten ruft mich noch immer, und der Hauch deines Atems an meiner Wange, als wir uns umarmten. Die Stunden der Freude altern nicht.

Ein Regenbogen wächst aus der Dämmerung. Darunter gleiten pfeilschnell die Mauersegler, als wären sie vom Cityring mitgekommen. Ihre Bäuche sind angeleuchtet vom Widerschein der untergehenden Sonne. Das hat mich schon immer zum Weinen gebracht.

Die Tulpen strotzen kräftig. Ich schaue auf die Adern an meinen Händen.

Schwimmhäute sind mir gewachsen unsichtbar, und ich höre das Klirren der Glut.

Vor einem Jahr nahmst du meine Hand und hobst mir deine Füße entgegen. „Sieh, meine neuen roten Schuhe", sagtest du, „darin geht es sich leicht." Selten hast du etwas für dich gekauft.

In eurem zerbeulten Auto habe ich einen dieser Schuhe gefunden. Ich habe ihn nicht aufbewahrt.

Morgen

Morgen passen mir die roten Schuhe
Morgen bin ich leicht und hafte nirgends
Morgen bläst mich dein geheimer Atem
Meertief über das zerwühlte Herzland
Morgen spielt der Abend mir vom Blatt
Rotem Sichelblatt des Eukalyptus
Drei vergessene winzige Etüden
Hingetupfte schwarz und elfenbein.

(Marie Luise Kaschnitz)

Danken will ich.

Neugeboren liegst du auf meiner Haut. Ich spüre deine rosenblattzarte Feuchte, Wärme aus dir. Im Gebärsaal tickt die Wanduhr. Die Zeit steht.

Mai

Mein Geburtstag. Ich blieb im Haus und wusch die Fliesen.

Plötzlich stand deine Großmutter vor der Tür. Sie war überraschend den weiten Weg zu mir gefahren an diesem Tag. Wir hatten eine neue Nähe. Sie brachte mir eine Karte mit einer Rose darauf. Es war eine traurige Rose. „Ich konnte nichts schreiben", sagte sie.

Ich las vom weißen Blatt. Das vergesse ich nicht.

Manchmal falle ich in eine Wut, die keinen Namen hat und umschlägt in böse Gesichte und stummes Angstgeschrei. Die Pendel sind ausgehängt, und die Glocken schwingen leer in den Türmen.

Ich weigere mich, Rosanna, ich weigere mich, deinen Tod zu glauben. Ich lege mich unter den Pflug. Der Pflug weicht mir aus. Die Luft kocht, und das Glas will zerspringen im Fenster.

Manchmal weint Andreas, nur kurz, ein leiser Aufschrei: „Rosanna soll doch wieder einmal anrufen", sagt er.

Sie ruft einfach nicht mehr an. Sie ist in diese andere Welt gegangen, mit ihrem runden Köpfchen, mit ihren feinen Händen, mit ihren weißen Tänzerinnenfüßen.

Leute rufen an, die Rat brauchen. Andreas spricht ruhig mit ihnen. Sie haben ihre eigenen Traurigkeiten. „Geht's gut?", fragen uns manche bereits. Ja, es geht. Wir gehen auf den harten Straßen, wir gehen zum Laden, zum Bahnhof, zum Zug, zur Arbeit. Wir kaufen und essen und grüßen die Leute.

Ich warte am Treffpunkt. Ich schaue die Leute an. Einige tragen diese gleiche Traurigkeit in ihrem Blick.

Eine junge Frau trägt mir die Blumen nach, die ich an der Kaffeebar vergessen habe.

Als ich mich bedanke, sehe ich: Die junge Frau hat keine Hände.

Sätze hallen mir im Gehirn, ein Wörterkarussell, Befehle und Allgemeinplätze: „Nimm dich zusammen! Lass dich nicht gehen! Du wirst dich schon wieder auffangen!"

Ich will mich nicht auffangen. Niemand kann sich selber auffangen. Ich bin Teil einer sehr kalten Erzählung geworden.

Mutter fehlt mir. Scham ist in mir, weil ich sie nicht verstehen wollte. Ich strebte fort und zwang sie zum Festhalten. Einmal fuhren wir von W. weg. Ich winkte aus dem Zugfenster. Ich sah eine alte Frau, von Schluchzen geschüttelt. Dieses Bild erfüllte mich mit Grauen und blieb in meinem Kopf, als ihre Gestalt schon längst aus meinem Blickfeld entschwunden war; ich schmeckte Blut im Mund.

Heute denke ich, dass es die falsche Richtung war, in die ich mich retten wollte.

Dieses Wort, Mutter, will ich dir sagen heute: „Ich fühle Schmerz um dein Kind, das du verloren hast als junge Frau. Ich verstehe dich, jetzt. Ich danke dir, ich hatte es gut. Dass ich einsam war als Kind, es war nicht deine Schuld. Wir waren beide sehr verirrt. Die große Nähe überforderte uns. Tief hast du gelitten, bis du gebeugt in unserer Stube saßest. Gestern sah dich im Wolkenwald. Ich versuchte zu singen.

Ich war sechs Jahre alt, als ich am Muttertag den weißen Schwan aus Porzellan für dich versteckte hinter den Topfpflanzen. Ob du ihn heute finden kannst, Mutter, den königlichen Vogel hinter allen Träumen?"

Pfingsten

Alles Lebendige stirbt in der Messermaschine des Bösen. Die Türen gehen zur falschen Seite auf. Manchmal komm ich mir von weit draußen entgegen; weiche meinen Alltagsworten aus, den kleinen Scherzen, dem schütteren Lachen.

Ich schüttle mich ab und setze mich zu den Nelken. An den Bächen sind sie wieder aufgeblüht, die Kuckuckslichtnelken und die herb duftenden Storchenschnäbel. Dort kann ich weinen, wenn ich dürr und hart bin.

Heute früh, Rosanna, suchten wir die gleichen Träume auf: *Ich stieg in einem fremden Haus die Treppe hinunter. Lebendig und schön saßest du auf dem Sofa. Ich hatte Teil an dieser hellen Wärme: „Oh, jetzt bist du gekommen, es ist also doch wahr, was in diesen Büchern steht über die andere Welt", sagte ich. Wir lagen still umarmt. Selma kam herein und legte sich zu uns. Wir fühlten deinen Atem in der Mitte. „Sieh, es ist alles gut. So bin ich immer gewesen", sagtest du.*

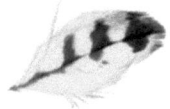

Wasserkleid

Andreas hat Geburtstag. Er hat zwei Pfingstrosen eingestellt auf deinem Grab, eine Knospe und eine offene Blüte. Dein Vater ist dir innen immer zugewandt.

Ich krümme mich in einer großen schwarzen Faust. Seit meiner Jugend will sie mich verfinstern. „Dem Engel meiner Kindheit wachsen keine Flügel", schrieb ich als junge Frau.

Blaue und weiße Iris entfalten sich am Zaun. Noch ist alles frisch vom Regen in der Nacht.

Ich schaue einfach in den Garten hinein.

Wir saßen in der Küche und aßen Fisch mit Kresse, und Erdbeeren mit deiner marokkanischen Minze. Andreas schläft. Selma singt und spielt Klavier.

Ich schaue einfach in den Garten hinein.

Der Rittersporn schickt ein Glänzen durch die Nässe. Gespräche und Zukünftiges gesellt sich zu den Erinnerungen. Die Wände verschweigen das Gestern, und doch ist alles da in diesem Heute; und was kommt, ist offen.

Die Pferde trinken am Brunnen.

Später bin ich mit Selma über die Hügel gegangen. Das Land war sommerblau, besonders jetzt nach dem Regen, und im hohen Gras lag gefährdet ein Rehkitz.

Der Wind zeichnete Wellen ins Kornfeld.

Andreas ist müde, Andreas ist traurig. Ich will nicht mehr immer klagen.

Ich will einfach gehen und in den Garten schauen.

Als hättest du dich bloß versteckt im Atem der Nacht. Ganz in der Nähe trinkst du die flüssige Luft des frühen Tages. Dieses Keimen und Wachsen muss dir hörbar sein. Wasser perlt auf deiner Haut. Wer war das, Rosanna, der einen Blick erhascht hat, wie du getanzt hast im Wasserkleid, Seite an Seite mit deiner Schwester?

Hochsommer

Wir haben ein Feuer gemacht. Du hast es so geliebt, das irdische Feuer und den Geruch in den Kleidern beim Heimkommen. Mir ist, als knietest du mit uns im Gras, und ich sehe deine braunen Knie unter dem weißen Sommerkleid.

Alle sind freundlich, wenn ich weine. Die meisten sind freundlich und halten doch Abstand; besonders die Mütter mit Kindern in deinem Alter. Nur schon der Gedanke kann gefährlich sein: dass es das gibt, dass nie mehr alles gut werden kann.

Deine Birke, Rosanna, ist klein und kräftig.

Es ist so heiß, dass wir die Läden tagsüber geschlossen halten. Nur schmale helle Streifen gleiten herein und wandern im Fell der Katze, Knistern und Licht. Das Bett ist halb aufgeschlagen.

Früher hatte ich ein Bild in meinem Zimmer aufgehängt: Auf dem Bett schläft eine junge Frau, in Anmut verwachsen mit der Gegenwart. Nun trägt alles sanft Verdichtete deinen Namen.

Sogar die Orte meiner Kindheit suchst du auf: Die hohe Mauer auf meinem Schulweg, die von Wurzeln und Ranken durchwachsen war. Wir Kinder kletterten darüber und rochen mit Wonne das Blut am geschürften Knöchel. Eine Spiegelfabrik war dahinter, und wir erbettelten beim Magaziner unbrauchbare Reststücke mit scharfen Rändern. Er zeigte sich grimmig und drohte jedes Mal, uns einzusperren bei Wasser und Brot, wenn wir je wiederkämen.

Diese Worte machten uns trunken vor Furcht und Lust. Wir kauerten im nassen Gras und trafen im Funkeln der Scherben auf uns selbst.

Juli

Ich kehre zurück zu den Wörtern, nach stummen geschäftigen Tagen.

Sitzend auf der Gartentreppe kann ich dich fast berühren. Überall öffnen sich die Blüten, auf sehr hohen Stängeln, weil der Garten schattig und feucht ist; Kosmeen, Zinnien, Kornblumen und Mutters Berggeranien. Den Garten habe ich für dich gepflegt, Rosanna, es ist dein Geburtstagsgarten. „Hast du einen Naturgarten gemacht?", hat mich jemand gefragt, und ich sah dein Augenzwinkern.

Unaufhaltsam singt der Bach, und über dem Gras hängt unsere Wäsche zum Trocknen. Ich weine ob der Wäsche im grünen Laub. Aus der Erinnerung spannen sich Leinen auf mit bunten Kindersachen, flatternd im Wind; Hemdchen, Höschen, weiße Söckchen. So offensichtlich spiegeln sie die Zuversicht. Wer frische Wäsche braucht, ist mitten im Leben.

Immer wieder taumeln wir. Im Ohr schwimmt ein betrunkener Fisch, und das Blut wird mit Getöse durch die Organe gepumpt.

Selma sucht eine neue Wohnung und eine neue Arbeitsstelle. Sommerferien, das Wort „Sommerferien" ohne Sommerferien. Andreas hatte gekocht für uns, als ich nach Hause kam. Die Müdigkeit störte uns nicht. Wir aßen Kartoffeln und saßen lange draußen bis zur späten Dämmerung. Wir sprachen von dir. Wir schwiegen und wollten am Wasser bleiben.

Diesen Tag hast du bewohnt und die Luft wiegt leichter. Meine Familie war bei uns: Esther, Claire, Hans und Tante Anna. Tante Anna ist nun über neunzig Jahre alt. Sie ist die Schwester meines Vaters. Sie hat alles verstanden. Schon immer fühlte ich mich als Kind von ihr. Man kann das Kind von mehreren Müttern sein. Von klein auf hielt sie mich. In ihren Armen war ich frei.

Heute saß sie bei uns im Garten mit einem ernsten Lächeln. Ich legte ihr dein rotes Kaschmirtuch um die Schultern, Rosanna. Ihre Haut ist ganz dünn geworden. Selma zeigte allen das Schwesternbuch, das sie für dich gemacht hat. Auf dem Steg wogte das Gelächter fremder Menschen. Andreas und Selma sangen Mani Matter-Lieder.

Am Abend dann gingen wir zu dritt die südliche Anhöhe hinauf. Am Weg sprach uns Dieter an. Er stand auf seinen Rollator gestützt, und sah dem Sommerabend zu. Er glaubte, Andreas zu kennen, und wir kamen ins Gespräch. Wir lernten die ganze Familie kennen: Judith, Marianne, Line. Wir sprachen, als wären wir schon lange miteinander vertraut. Line spielte auf ihrer Geige, und wir saßen im Garten. Als wir uns verabschiedeten, ging über dem Jura die Sonne unter. Judith zeigte mir den Weißenstein, und ich musste an Gerhard Meier denken, der dort seine Frau kennen gelernt hat, vor mehr als sechzig Jahren. „Letztes Jahr konnte ich noch bis zum Friedhof gehen", sagte Dieter ohne Bitterkeit. In der Abendkühle wurden die Kühe zur Weide gelassen.

Gestern hat eine Kollegin von Selma ein Konzert für dich gegeben in der Kirche von Rinikon. Die Klänge sind ein Geschenk für dich, und für uns, die wir im Leid sind, wie Tante Anna sagt.

Selma ist in ihre neue Wohnung eingezogen; zwei helle Kammern unter dem Dach. Freudig macht sie sich ans Einrichten. Wir haben beim Zügeln geholfen und zwei Nächte bei ihr geschlafen. Ich bin so froh für deine Schwester. Die körperliche Müdigkeit lässt mich ein wenig atmen zwischen den Wellen.

Am Morgen war ich breit und schwer und wankte auf dicken kleinen Füßen.

Die Zeit soll sich hüten, diese Wunde zu heilen. Ich lehne mich aus dem Fenster und finde Halt in der Leere. Moos kriecht in den Ritzen des hohen Schieferdachs, die Ziegel sind im Rautenmuster aufgebaut. Den

Sonnenaufgang habe ich verschlafen. Ich habe dummes Zeug geträumt, von einem braun gescheckten Boxerhund.

Ich fege die Kammer. Früher bin ich ungern mit Putzeimern umgegangen. Nun besänftigt mich der Duft der Schmierseife auf nassem Holz.

Wir waren im Lindenheim, Rosanna, wo du vor anderthalb Jahren mit den Leuten Bewegungstherapie gemacht hast. Alle haben schwere Behinderungen. Einmal hast du mir die Räume gezeigt mit den Musikinstrumenten, den Schaukeln und Liegen.

Jetzt waren wir eingeladen als Eltern einer ehemaligen Mitarbeiterin, die plötzlich verstorben ist.

Wir wurden freundlich von Raum zu Raum geführt. In einer Werkstatt wurden bunte Teppiche gewebt. Das Weben ist dem Leben sehr nah. Nur der erste Buchstabe ist verschieden. Die Leiterin dieser Werkstatt erzählte von dir; darüber freute ich mich.

Wir saßen im Garten beim Tee, zusammen mit den Bewohnern.

Ich sah dich hier von einem zum anderen gehen, dich ganz zuwendend diesen Frauen und Männern, ihnen ein Lächeln entlockend, ein Wort oder eine kaum sichtbare Gebärde aus ihrem Wesen. Das gelang dir so gut bei uns allen: den Schleier zu heben und den dunklen Zauber zu lösen.

Gerne wären wir Guiseppe begegnet, der im Heim gearbeitet hat. Er war befreundet mit dir und Aline.

Er hat ein Gedicht für dich geschrieben:

IN AUGUST
SAH
ICH
KEIN KÄFER
PECH

ZWISCHEN
IRREN
VERRÜCKTER
GESPENTER
BLENDET DIE NACHT
SCHLIEF DEN MOND

AM ABEND
LACHTE EIN BLÜMCHEN
FREI
SCHÖN

BEWUSST
WAR
IHR
LEBEN
DU LIEBE
ROSANNA

Guiseppe

Die blauen Winden blühen am Zaun. Die blauen Winden blühen auf deinem Grab. Und drüben am Steg, die Muttergottesbecherlein sind rötlich angehaucht.

Wieder fand ich dich im Traum: *Du standest in einem großen Saal, umringt von Jugendlichen. Du hattest rotes Haar und trugst dein Jäckchen aus blauem Plüsch. Ich sah dich von hinten, und die Jugendlichen blickten konzentriert in deine Richtung. Du wandtest dich um und kamst mir entgegen. Du legtest mir die Arme auf die Schultern. „Ja, es ist etwas Schlimmes passiert", sagtest du. „Für die Jugendlichen ist es wichtig, was du mit ihnen gemacht hast", sagte ich. „Ja, ich glaube, es war gut", sagtest du und sahst älter aus. „Vielleicht warst du nur scheintot", wollte ich sagen. Still und ernst sahst du mich an.*

Wir waren bei Alines Eltern. Sie fuhren mit uns zum See, wo sie eine alte Scheune ausgebaut haben. Ihr habt dort Ferien gemacht zusammen und euch auf die Abschlussprüfung vorbereitet. Wir wanderten über die Höhen bis zu Alines Lieblingsort. Dort saßen wir im Gras, zwei Milane kreisten am Himmel.

„Sie schicken uns Grüße, die beiden", sagte Alines Vater. Die Tapferkeit machte seine Stimme herb. Alines Mutter hatte alles mitgenommen, Kaffee und Süßigkeiten. „Jetzt haben wir noch die Erinnerungen", sagte sie, „sie sind sicher zufrieden mit uns, wie wir es machen." Sie goss den Kaffee ein.

In der Bewegung ihrer Hände war Aline.

Rettungsboot

Hochsommer

Elf Monate. Das Messerschiff ist unterwegs in der verkrusteten Wunde. Wir greifen uns an Stirn und Ohren. Mitten in der Arbeit zucken die Hände weg wie zwei kranke Vögel.

„Hast du mich am liebsten auf der Welt?", fragt Tanja. Ich weiß keine Antwort. Eine Holzbiene nippt an den Kornblumen.

Ich erzähle ihr das Märchen vom „Liebsten auf der Welt": Eine Familie wohnt am Waldrand. Ein karges Äckerlein ernährt sie; Vater, Mutter, ein Knabe und ein Mädchen. Als eine Hungersnot über das Land kommt, lauert dem Knaben in einem hohlen Baum der Sensemann auf. Er verspricht ihm das Ende aller Not, wenn er von ihm „das Liebste auf der Welt" bekäme. Der Knabe denkt an seine Spielsachen, an seine bunten Muscheln und kostbaren Steine und sagt zu.

Der Sensemann aber holt des Knaben liebstes Schwesterlein.

Unser Liebstes auf der Welt. Dein Abschied schien uns an keinerlei Bedingungen geknüpft. Der Weg ist abgestürzt und es gab nichts zu verhandeln. Zeichen vielleicht? Spinnwebenschrift, nicht entzifferbar für uns? Eine verborgene Schuld, die wir hätten einlösen können? Wir wissen es nicht.

Einst war Sommer und ich saß mit dir am See. Du warst in meinen Armen eingeschlafen. Dein Kleid, zerknittert und feucht, hatte Muster und rötliche Flecken auf deine Beinchen eingedrückt. Dein warmes Haar berührte meine Armbeuge, dein Atem kam aus einer vertrauten Ewigkeit wie der Duft deiner Haut. Uns beiden konnte nichts hinzugefügt werden.

Nun kann das Leid nicht Raum finden in mir. Könnte ich doch über mich hinauswachsen, könnte ich heftiger schweigen und von innen mich häuten!

Im Regen sind die Schmetterlinge stäbchenklein unter Blätter und Zweige geheftet.

Luc und Claudia waren da. Sie saßen auf der weißen Bank. Sie wussten nichts von dir auf dieser Bank und ließen dir doch Raum neben sich.

Sie haben uns ein Buch von Florenski mitgebracht: „Eis und Algen", Briefe aus dem Lager. Ich habe es aufgeschlagen und lese in jeder freien Minute darin. Kein anderes Buch hat mir bis jetzt so viel Trost gegeben, wie die Briefe dieses todgeweihten Mannes. Er erforschte in seiner Haft in Sibirien das Leben der Algen im Eis. Wie diese Forschungen geschrieben sind; nüchtern und vollkommen durchsichtig. Ich weine ob dieser wissenschaftlichen Abhandlungen.

Ich taste mich hinter die Dinge. Eine Blindenschrift für das Herzauge, ein Abdruck des Kommenden, als kehrte der Klang in die Glocke zurück. Selten weint es mich, ich bin verwachsen mit dem Tränenbaum. Gestern standest du mir gegenüber. Im Traum hielt ich deine Hände, denkend wollte ich dein Bildnis zwingen. Ich erwachte traurig und verwirrt.

Wir gingen zur alten Buche, die auf dem Weg nach Grünenbach steht. Von weitem sammelt sie den Blick, hat Kraft aus dem Gestern, seit zweihundert Jahren. Mit dir legte ich meine Arme um sie, Rosanna. Dich hat sie erkannt, augenblicklich.

August

Heute vor einem Jahr haben wir zum letzten Mal zusammen zu Abend gegessen, zu Hause am Cityring. Wir saßen um unseren runden Tisch, und du trugst das violette Sammetkleid mit den aufgedruckten Blüten, dein Haar war wieder etwas nachgewachsen. Du hattest ein starkes Leuchten im Gesicht, obwohl du krank gewesen warst. Andreas machte Aufnahmen mit der neuen Digitalkamera.

Wir aßen Zuckermais. Als du angerufen hattest, war ich zum Laden gegangen und hatte nochmals eingekauft, Zuckermais in eine Papp-schale eingeschweißt.

„Den Mais hast du wegen mir gekocht, Mam", sagtest du. Du bestrichst die Kolben mit Butter und streutest Curry darauf.

Die Wörter wälzen sich schwerfällig aus mir heraus. Seit Tagen regnet es. Die Flüsse steigen. Die Merla hält sich gemessen in ihrem gemau-erten Bett, das Rauschen schwillt an. Aus manchen Gegenden werden Tote gemeldet; immer diese einzelnen Menschen, die vom Seil fallen, und die Schreie der Überlebenden. Wir gehen zum Steg und beobachten das Steigen des Wassers, das braun ist von der aufgewühlten Erde. Wir schauen und schauen. Wir fühlen Neugier, Furcht und Todeslust. Eine tote Ente treibt verdreht in den Fluten. Steine rollen. Holz und Unrat hat sich an der Schwelle verheddert.

Die größte Sonnenblume welkt in der Küche. Vom Gewicht der Nässe ist sie abgebrochen.

Zweifel wollen ins Herz schneiden, wollen mich verzweifeln, zertren-nen. Körper und Seele in Wahnsinn oder ... ich weiß es nicht. Es gibt nichts Gemäßigtes, etwas dazwischen, das hoffen lässt; nur das abso-lute Wort: Wahnsinn oder Gott. Ich presse die Hände zusammen.

Das Maisfeld strotzt vor Saft. Alle Wurzeln wachsen zur Mitte, nicht abwärts wie uns die Sinne vortäuschen, sondern einwärts, mütterlich.

Die Sommerferien sind vorbei. Heute war der erste Schultag. Als ich heimkam, drehte ich den Schlüssel und ließ mich in unser Haus fallen. Erschöpft setzte ich mich auf die Gartentreppe.

Eine Leere wächst in mir, die nach und nach der Trauer Raum gibt. Der Schmerz wächst ins Überpersönliche. Dein Abschied ist in jedem Leid der Welt, und das tiefste Leid der Welt kommt in mich mit dir.

Ich sehe dich entsetzlich weiß auf jener Bahre liegen in Mont Sapin. Ein dünnes Tuch war über dich gebreitet. Dein schmaler Hals lag auf einer Stütze. Mir ist plötzlich, als hätte ich den Mut finden müssen, das Tuch wegzureißen und dich zu wärmen.

Welch vermessenes Denken!

Ich stand erstarrt vor dir. Du warst hier und dort und unermesslich weit von deinem Atem abgebrochen.

Heute hatte die Sonne bereits Herbst. „Indian summer", sagten wir früher. Es ist dein Geburtstagslicht.

An deinem Geburtstag werden wir nach Mont Sapin fahren und ein Holzkreuz aufstellen an der Unfallstelle. Nicht deinen Tod suchen wir dort, sondern dein Leben, bis zur allerletzten Sekunde, den zuckenden Flügelschlag des Herzens ans Blut gefesselt, noch, und dann … das freie Weiß der Taube.

Einige Sonnenblumen halten ihre schweren Köpfe vollkommen gerade.

Auf bald, auf bald, Rosanna, singt mir das silberne Wasser.

Wir haben die Cityring-Mansarde geräumt. Bis jetzt haben wir noch jede Woche einmal in diesem winzigen Kämmerchen geschlafen. Wir waren seltsam heiter dort, als trieben wir auf einem kleinen Rettungsboot durch unser früheres Leben.

Wir trugen unsere Sachen zu Selmas Wohnung. Andreas ist krank geworden. Plötzlich legte er sich mit hohem Fieber auf Selmas Klappbett. „Die Uhr meines Vaters ist stehen geblieben", sagte er. Er weinte leise. „Warum ist sie gestorben, unsere Rosanna, warum?"

„Sie ist ein Jupiterkind", hatte er nach deiner Geburt gesagt.

Das Fieber stieg. Wir riefen den Arzt.

Wir lernten eine neue Furcht kennen, Selma und ich. Am Morgen ging es etwas besser. Der Himmel war plötzlich stumm, die Schwalben waren schon südwärts gezogen.

Ohne Laut spreche ich zu Andreas. Ich danke für sein Hiersein, täglich. Fast hätte ich zu wenig wahrgenommen, dass ich in seiner Gegenwart sein darf. Ich möchte ihm einen Stein schenken, einen Bernstein, aus dem ein längst erloschenes Licht nachleuchtet, den *„Stein mit der Inschrift der Fliege"*, wie Nelly Sachs schreibt.

Stadtgeräusche wehen durchs Zimmer. Andreas schläft. Selma singt und füllt die Teetassen. Zaghaftes Freuen regt sich.

Doch der Sommer ist ein schwerer Pflug. Ich stemme mich gegen hohle Gewichte.

Jede Bewegung dauert dreimal länger. Am Morgen bin ich unsicher, ob es geht bis zum Abend. Ein langer Arbeitstag erfordert übergroße Anstrengung, als müsste ich das letzte Restchen Munterkeit aus mir herauspressen.

Abends bleibe ich im Haus. Beim Motorradshop heulen die Motoren auf dem Prüfstand. Die Sonnenblumen leuchten in Rot-, Braun- und Goldtönen. Junge Birken und Schafgarben drängen sich aus dem Schutt der nahen Baustelle.

Der Tag deiner Urnenbestattung kommt plötzlich in meine Erinnerung.

Ich sehe mich wie auf Bildern einer Fotowand: Ich gehe in den Supermarkt. Ich kaufe Brot, Oliven und Schafkäse. Ich kaufe Sonnenblumen. Ich klappe den Tisch auf in der Küche.

Selma und ich sitzen den Gesprächen abgewandt. Andreas ist wie eingezwängt in die Wörter der anderen. Jemand lacht, während uns unendlich schwindlig wird vom Drehen der Welt, von diesem Laufen und Zerren und Schreien und Lachen; ein Schiff mit stampfendem Motor, das kreist und kreist, auch wenn wir ins Getriebe sprängen.

„Ein Kleid aus Wasser genäht", schriebst du in einem Gedicht für Selma. Trägst du ein solches nun, Rosanna? Deine Lieder kommen zu uns im Traum. Wir hören. Hell hören wir, hellhörig, und hören doch nicht einmal das Gras, wie es keimt in den Ritzen.

Vor einem Jahr warst du noch im Leben. Dass es doch niemals enden wollte, dieses Jahr, das sich festkrallt in der Zukunft und Wurzeln schlägt. Das Licht der erloschenen Sterne ist so wirklich wie das Brot im Mund. Im blauen Zimmer lehnt das Pferdchen an der Wand, das hölzerne Pferdchen mit den drei Beinen, das meinem früh verstorbenen Bruder gehört hat.

Dein Todestag

Wir waren auf dem Friedhof, Selma, Andreas, deine Großmutter und ich. Wir haben 25 rote Lichter angezündet und ein weißes. Am Abend habe ich Reis gekocht.

Wir waren draußen. Vor der Dämmerung neigte sich der Himmel zu uns. Ein doppelter Regenbogen stand über Hügel und Dorf. Als es dunkel wurde machten wir ein Feuer in der Mitte des Gartens.

Wir blieben, bis diese Stunde gegangen war.

Deine Großmutter saß aufrecht auf dem alten Campingstuhl. „Wenn ihr nach Mont Sapin fahrt morgen, werde ich nochmals auf den Friedhof gehen", sagte sie, „ich will die Kerzen nochmals anzünden auf Rosannas Grab. Sie hat ja erst morgen Geburtstag." „Danke", sagte ich.

Wir werden morgen zur Unfallstelle fahren.

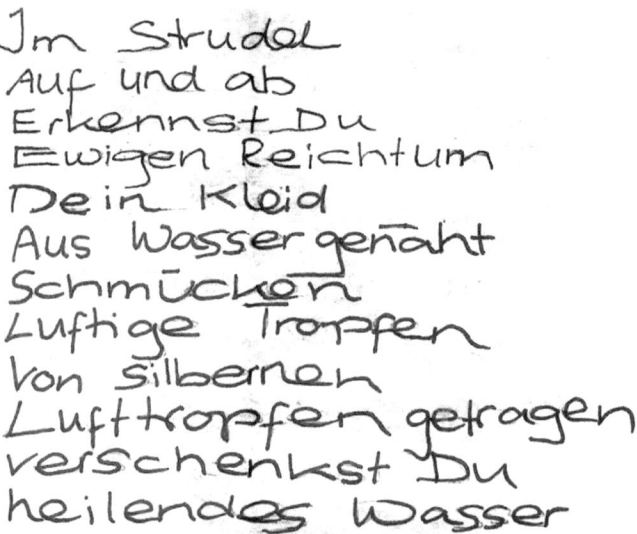

Im Strudel
Auf und ab
Erkennst Du
Ewigen Reichtum
Dein Kleid
Aus Wasser genäht
Schmücken
Luftige Tropfen
Von silbernen
Lufttropfen getragen
verschenkst Du
heilendes Wasser

von Rosanna für Selma, Weihnachten 1997

Zweites Jahr

Frauenschuh

Mont Sapin

Heute ist dein Geburtstag. Wir haben das Holzkreuz mit euren Namen an der Straße aufgestellt: Aline und Rosanna.

Eva und Sebastian haben uns hierhergefahren, mit dem kleinen roten Auto ihrer Mutter.

Wir haben etwas Schnellbeton mitgenommen und eine Schaufel. Anwohner haben die Unfallstelle gepflegt. Aus Backsteinen haben sie eine kleine Plattform errichtet und Kunstblumen und Kerzen aufgestellt. Dankbar stammelten wir französische Wörter.

Wir sprachen mit einem Mann aus der Nachbarschaft, und für Augenblicke tauchten die gespenstischen Szenen der Unfallnacht wieder auf: das Gewitter, les pompiers, Schreie und berstendes Glas, Metallsägen im grellen Licht der Scheinwerfer.

Es roch nach Staub und Minze.

Im Motelzimmer knüpften Selma und Eva bis spät in die Nacht ein Netz aus Garn und blauen Perlen.

Ich sah Sebastian knien vor dem Kreuz, umfangen von deiner Nähe und der fahlen Dämmerung. Ich fühlte deine ganze Jugend aus ihm sprechen.

Am nächsten Morgen fuhren wir den weiten Weg zurück. Sebastian und Eva wechselten sich ab beim Fahren. Eva sah blass aus, als wir nach Mooswil kamen.

Im hohen Gras des Bachgartens schlief sie ein. Sie erwartet ein Kindlein.

Andreas setzte sich plötzlich an den Tisch, legte den Kopf auf die Hände und weinte. Selma kochte Tee und Nudeln. Die Sonne vergoldete das Stübchen dreifach. Wir konnten das Licht anfassen. Später aßen wir zusammen.

September

Als verstünde ich erst jetzt dieses Endgültige. Vom Entsetzen ist die Goldfarbe abgeblättert. Die Würde will mir abhandenkommen. Ich male mir ein Schlammgesicht.

Eine trockene Wut würgt mich. Etwas in mir hat bis heute auf einen Irrtum gehofft. Ich gab mir Mühe, alles richtig zu machen, in der geheimen Hoffnung, dass alles sich wenden ließe. Eine leise Berechnung war zuweilen darin, wenn ich tapfer war. Ich muss aber nichts richtig machen, nur fallen muss ich, hellhörig und mit wachem Blick. *„Ob einer ist, der dieses Fallen hält"*, wie Rilke sagt?

Das Schrillen der Hausglocke zerschneidet mir den Puls. Das kommt vom Trauma, sagt der innere Psychiater. Die Polizisten stehen vor mir mit ihren runden ernsten Gesichtern. „Jemand muss es den Angehörigen sagen, sie gehen immer zu zweit", las ich in der Zeitung.

Ich klammere mich an die scharfen Klingen.

Bei den Jugendlichen geht eine Sucht um, sich ins eigene Fleisch zu schneiden. Ich sah im Zug ein Mädchen, schön wie Schneewittchen, dessen Unterarme von Narben durchfurcht waren. Ich wollte dem Mädchen erzählen von dir. Es trank Eistee. Ich sagte nichts.

Rosanna, kannst du jetzt auf dem Wasser gehen und in der Luft? So sah ich dich heute beim Erwachen. Gnade ist flüssiges Licht.

Im Welschland hast du im Spital gearbeitet. Mit einer alten Frau führtest du Gespräche über das Leben: von ihrem Hund wusstest du, den sie vermisste, von ihrer Furcht, langsam und schmerzhaft zu sterben und von der Hoffnung, dass ein leiser Tod ihr sanft entgegenkäme.

Ich besuchte dich dort im Praktikum. In der weißen Schürze kamst du zum Eingang. Du sahst blass aus. Gerade war ein alter Mann im Flur gefallen, nachdem er in einem unbeaufsichtigten Augenblick aufgestanden war und sich den Katheter abgerissen hatte. „Blut und Urin war überall", sagtest du, „jetzt ist er eingeschlafen."

Wir gingen in dein Praktikantinnenzimmer. Dein Bett hatte einen altmodischen Umbau, und die Zierkissen rochen nach schwitzender Haut. Ich hatte dir einen Wasserkocher mitgebracht. Wir tranken Nescafé.

Später gingen wir zum See und liefen lachend umarmt. In einem mexikanischen Restaurant aßen wir Tortillas mit scharfem Gemüse.

Der Genfersee leuchtete wie von Hodler gemalt. Wir vergaßen jede Furcht.

Jetzt kratz ich an der Falltür wie eine Katzenmutter. Ich kratze und kratze, und die Haut ist mit blinden Augen bedeckt.

Andreas musste ins Klassenlager fahren. Seine Schüler machen ein Praktikum auf dem Land. Es ist streng. Andreas klagt nicht. Er scherzt mit den Jugendlichen.

Selma schläft drüben im anderen Zimmer. Wir haben zusammen ein Theaterkleid genäht gestern. Selma tanzt nun und macht Pantomime. Das hätte dir auch gefallen, Rosanna.

Durch das Fenster zum Bach leuchtet und rauscht es herbstlich herein.

„Ein Kleid, aus Wasser genäht", schriebst du.

Ich war bei der Ärztin. Als ich ausstieg in F., fühlte ich mich besser. Jemand blickte mich gütig an, als ich durch den Park der Klinik ging. Ich sah mich um und sah niemanden. Die Dahlien blühten und der Honigstrauch war über und über mit Bienen bedeckt. Dieses Summen ging unter die Haut. Drei Falter schwebten an den Blüten des Sonnenhuts, Admiralsfalter wie heute Morgen in Mooswil. Die rosa Sonnenhutblüten sind wie ganz alter Samt. Beinahe hörte ich die Farben singen in den herbstlichen Beeten.

Am Abend kam Irma. Als wir Kinder waren, wohnten wir im gleichen Haus. Nun sind wir uns wieder begegnet. Wir aßen in der kühlen Küche. Das Fremde und das Vertraute waren vollkommen gleich groß. Die kurzen Jahre der Kindheit wogen das ganze spätere Leben auf.

Und plötzlich ist mir, als säßen wir wieder am Feuer wie vor einem Jahr. Eine Feuerstelle für Fahrende hatten wir aufgesucht am Wasser. Es waren die Tage zwischen deiner Abschiedsfeier und der Urnenbestattung.

Wir irrten im Kreis, Rosanna, um einen Herbststrauß zu binden für dein Grab. Eine Maus hockte stumm neben meinem Fuß und verschwand.

Ein Meer von Teelichtern wogte auf unserem Stubentisch. Nun essen wir wieder daran, aber das Flackern der Lichter ist immer noch da.

Ein Beamter kam in jener Zeit, um ein Protokoll aufzunehmen. Er brauche einen Tisch, sagte er, für seine Unterlagen. Wir blieben unerbittlich. Er musste seine Papiere neben der Spüle ausbreiten.

Deine Schwester sang dich herbei Klang auf, Klang ab; und ich sehe uns drei, wie wir gekrochen sind, Minute um Minute, in der Scherbenspur.

„Es geht ihnen besser", sagte eine Freundin, „sie kochen. Sie kochen Reis und Blumenkohl. Sie essen und schlafen und arbeiten."

Die Sonne scheint schwarz.

In der Blüte musstest du gehen. Der Stern verglüht in den Saaten.

Ich bin jäh erwacht zu meinem wirklichen Alter. Der Körper ist noch zu kräftig für dieses Alter, das ich in mir wahrnehme, zu kräftig, zu hungrig, zu breit. Der Körper steht mir im Weg. Ich horche in ihn hinein. Ich horche nach einer Krankheit, die mich hinweg aus dieser Ferne führt.

Ich kann nicht mehr neu anfangen, und zu sterben ist noch nicht die Zeit. Außen kann ich nicht mehr neu anfangen.

Es gibt nur diesen Weg: Es gibt den Fluss, es gibt den Bussard und die Wörter und die Zeit des Korns.

Mir ist, du bist fleißig wie immer: Du deckst den Tisch für die Ankommenden und richtest die Brote. Schalen stellst du auf, weiße Schalen und Krüge mit süßem Wein.

In der Zeitung ist ein Flugzeug abgebildet, zerschellt auf den Feldern am See.

Ich weine, ich lehne ans Fenster und weine um die Kinder fremder Mütter.

Deine Schwester hat dein Sterben vielleicht bereits als kleines Kind geahnt. In manchen Nächten schrie sie mit offenen Augen ohne aufzuwachen; ich ging mit ihr im Kreis und sang.

Später war sie sorgsam darauf bedacht, überall Heimat zu bauen mit Blumen und Häuserchen. Selbst auf Reisen bettete sie ihre Puppen und führte das Traumpferd zur Weide.

Und du, Rosanna? Manchmal ging ein fremder Ernst durch deine Kinderspiele, eine schwarze Perle im bunten Reigen, ein Blick aus allen Nächten der Welt.

So ist es vielleicht immer in den finsteren Tagen, wenn wir tanzen und mit den Füßen sehen.

Der Fluss ist unser Wächter. Das Wasser hat keine Größe und kein Alter. Es fließt an beiden Ufern des Seins. Salzig sind die Tränen gegen Frost geschützt.

In der Nacht hat es geregnet. Der Tag ist grau und warm. Die Dielen schweigen. Vor dem Motorradshop glänzen die nassen Maschinen silbern, blau und rot.

Die Pferde trinken am Brunnen. Die Leute grüßen einander. Es ist Sonntag.

„Sie war vorbereitet", habe ich wieder und wieder gesagt an jenem Abend, und: „Wir haben es nur schön gehabt zusammen" und: „Jetzt wird alles anders."

Dieses Werden hat angefangen.

Ich sah ein Leben in großer Einfachheit vor mir: Wir knien beim Gehen. Wir sehen aus unserer Haut. Wir gehen in diesem Wald von Baum zu Baum. Wir wissen den nächsten. Wir ruhen im Schlaf seiner Bilder und gehen weiter bis zum Fluss. Wir sind uns selber längst vorausgegangen.

Am Bahnhof sah ich eine weiße Braut mit Beinschienen. Winkend stand sie neben den Geleisen und lächelte.

„Die blinden Menschen fühlen farbiger als wir", hat meine junge Praktikantin gesagt.

Selten kommt eine Libelle in den Garten.

Wir gingen über die Hügel, Andreas und ich. Hoch über uns kreisten die Milane und stießen plötzlich zur Erde hinter dem Maisfeld. Die Beute entfloh und sie erhoben sich wieder, immer zu zweit. Wir sprachen zum ersten Mal wieder vom Reisen. Alaska lockt uns mit seiner Kälte, den Wäldern, der klaren Luft.

„Ich bin vollkommen anders, seit Rosanna gestorben ist", hat Selma gesagt, „wenn die Leute sprechen, höre ich immer die zweite Stimme, wie bei einem Lied."

Bis in ihre Bewegungen geht diese Verwandlung, bis in die Kraft ihrer Schritte.

Im Stirnholz wächst eine Ritze, ein Tropfen rinnt einwärts, Harz, Harzstein, Lichthonig.

Wir halten an der Tankstelle, um Milch zu kaufen. Die Autobahn ist gesperrt. Wir fahren zum nächsten Dorf.

Selmas Freundin hat ein kleines Mädchen geboren. Viele Kinder sind gekommen, seit du gestorben bist, Rosanna. Ich träumte, sie kämen aus den Seiten meines Kinderbuchs. Sie gehen hintereinander und singen „*Laterne, Laterne, Sonne, Mond und Sterne ...*", Knaben und Mädchen, in altmodische Röckchen gekleidet. Sie tragen bunte Lampions und über ihnen wogt das Zittergras.

Franziska hat dich auf Händen tanzend gemalt, auf dem Hügel in der Nacht der Sternschnuppen. Ein Sternenfeuerwerk ging damals nieder, wir sahen den Klang vom All. „Nur einmal in hundert Jahren gibt es eine solche Nacht", stand vorher in der Zeitung. Die halbe Stadt hielt sich im Freien auf. Alle blickten zum Himmel. Wir schauten und stolperten über unser Wünschen, bis wir begriffen, dass die Sterne alles schon wissen.

Du, Rosanna, bist auf Händen über den Hügel getanzt, zusammen mit deiner Freundin. Kreis um Kreis zeichneten eure Mädchenfüße ein Lied der Lebensfreude in den Duft der Lindenblüten. Franziskas Aquarelle dulden keinen Hader. Sie kommen aus jener summenden Leere zwischen zwei Fanfarenstößen Gottes, aus der wir geboren sind, vielleicht.

Alle Kinder lieben das Spiel von der verkehrten Welt.

Vor zwei Jahren sind wir zusammen über den Bistinenpass zum Simplon gewandert, Rosanna. In der Dunkelheit sind wir aufgebrochen, wie du es gewünscht hast. Nach einer Stunde ging die Sonne auf, und du bliebst stehen auf dem Höhenweg. Du warst im Gespräch mit den ersten Strahlen, still und ohne Pathos. So sind mir jetzt alle Sonnenaufgänge.

Obwohl erst September war, lag bereits Schnee auf der Passhöhe. Wir sanken knietief ein und suchten den Weg. Du gingst uns voraus. Fest und sicher stampftest du uns eine Spur und blicktest hin und wieder zurück. Wir haben noch das Foto von dieser Wanderung. Über grünbraune Alpweiden stiegen wir ab. Wir aßen unsere Brote und blieben lange sitzen. Andreas blickte nach dem Adler aus. Die Murmeltiere hielten sich verborgen. Vom Sommer waren noch Kugelblümchen zu sehen, blassblau zwischen dem Geröll, und weiter unten Herbstzeitlose. Wir hatten es nicht eilig, die Passstraße zu erreichen, mit ihren Gaststätten und rustikalen Schnellimbisslokalen.

Unvermittelt war der Weg gesperrt. Wir glaubten, einen Blindgänger zu sehen; welch ungeheures Wort, als sähen die Waffen ihre Opfer. Junge Männer übten scharf zu schießen. Wir umgingen die gefährliche Zone.

Später in T. verstummten unsere Gespräche. Im Herzmuskel regte sich die silberne Klinge. Wir standen auf dem Bahnsteig und „Gott behüt dich und …"

Der Intercityzug schloss dich zischend ein und trug dich zurück in dein Leben.

Gestern ist beim unbewachten Bahnübergang ein Auto vor den Fünfuhrzug geraten. Es war ganz platt gewalzt. An dieser Stelle sind bereits ein Kreuz und Blumen aufgestellt. Eine Frau war hier vor einigen Jahren gestorben, mit ihrem Kind. Sie waren mit dem Fahrrad auf die Geleise gefallen.

Für unseren Schlaf im kalten Zimmer haben wir Schaffelle gekauft. Darauf liegen wir wie in den Nächten der Taiga. Bis in die kleinsten Dinge ist unser Leben geteilt in Vorher und Nachher. Zu Beginn waren es die angebrochenen Packungen Reis und Zucker, die noch von ‚vorher' waren. Sie sind längst aufgebraucht, auch die Seife und das Salz. Nun sind die beständigeren Dinge dran: der Mantel, die Socken, das Buch. Tassen zerbrechen, die du berührt hast. Ich weine ob der alten hässlichen Tasse. Alle Dinge, die mit dir in Beziehung standen, zerfallen unerbittlich. Gebannt starre ich auf diese Verwandlungen und manchmal kommt mir etwas wie Trost daraus entgegen.

Der Nebel ist brüchig.

Ich kaufe Kürbisse zum Kochen, und einen kleinen bunten für dein Grab.

In der Zeitung las ich, dass die Leute praktisch unverletzt jenem Auto am Bahnübergang entstiegen sind, ein Vater und seine zwei Kinder. Ob sie das Wunder bemerken und die Füße leichter heben?

„Wenn es Zeit ist", sagte Tanjas Mutter, „kann niemand entrinnen."

Funken deiner Zuneigung fallen auf mich.

Am Cityring bist du manchmal abends noch kurz hereingekommen oder du beugtest dich zur Tür herein für einen Augenblick. Dein Lachen flog uns zu, ein kleines Scherzwort, und das Leben wog leichter.

Wir können nicht aufhören hinzusehen, auf diese Tür mit deinem Lachen darin.

Als du erwachsen wurdest, streifte dich ein kalter Hauch. Schwermut sah aus deinen Augen, wie die Erinnerung an ein sehr fernes Leid. Du warst schön. Junge Männer verliebten sich in dich.

In den Schulferien suchte ich Arbeit für dich. Immer wolltest du tätig sein. Du warst noch nicht fünfzehn Jahre alt, als du im Supermarkt an der Kasse saßest, freundlich grüßtest und die Preise eintipptest. Es gab noch keine Strichcodes und der Lohn war niedrig. Ein Schildchen mit deinem Namen und eine blaue Verkäuferinnenschürze liegen noch im Schrank aus dieser Zeit.

Zuweilen blicktest du gegen die Wand, wenn ich in dein Zimmer trat. Du zweifeltest an dir und warst sehr streng mit dir selbst. Etwas Fremdes schob sich zwischen uns. Du warst kein Kind mehr, und wir suchten tastend nach neuen Wegen. Hilflos versuchte ich dich anzusprechen.

Ein unbändiger Freiheitswille erwachte in dir. Selbst bei Minustemperaturen trugst du die Jacke offen. Die Kleider engten dich ein. Wir sorgten uns und suchten dich zu halten und einzuschränken. Das Wissen um die Krisen der Pubertät bewahrte uns nicht vor Fehlern und Ängsten. Handys gab es noch nicht. Einmal holten wir dich mitten in der Nacht mit dem Taxi von einer Party heim.

Doch du warst stark und gingst deinen Weg. Du hast uns schon im Leben verziehen.

Ich will dich nochmals aufsuchen, Rosanna. Wie damals steh ich am Fenster. Ich warte sehr lange und spreche nicht. Ich halte inne und lasse dich frei.

Wenn du hättest bleiben können, wären wir vielleicht nach Venedig gefahren im vergangenen Herbst und die Schwalben hätten bereits Frühling gehabt.

Das Erschrecken hat sich in mir niedergelassen, wie eine klagende Saite, die sich mit dem zerfetzten Ende an die Luft klammert.

Wichtige Entscheidungen fallen mir nun leichter, auch der Verzicht auf Erwartetes. Hingegen erfordern die kleinen Dinge mehr Kraft. Ich muss mir plötzlich die Reihenfolge überlegen, in der ich die Kleider anziehe; die Socken, die Bluse, die Jacke. Kleine Zwänge und Vergesslichkeiten rauben mir die Kraft.

Oktober

Wir waren im Wallis mit deiner Großmutter und Selma. Wir wanderten im Blau und Gold der Lärchen; wie im Engadin, nur dass hier ein schrofferer Ton im Gestein ist, wie auch das Wallis mehr Erde hat und das Engadin mehr Himmel.

In G. standen alle Züge still, weil die Stellwerke nicht funktionierten. Wir schliefen bei Selma. Wir hielten den Wahnsinn im Zaum, der uns anspringen wollte aus den gewöhnlichsten Dingen, wie die Fischaugen in der Tiefkühltruhe des Supermarkts.

Am Morgen lag auf dem Dach gegenüber die Spur einer goldenen Hand. Du hast es auch gesehen, Rosanna. Ich trat auf die Straße, um Brot und Milch zu kaufen.

Vor einem Jahr waren wir auf der Weißen Fluh, Selma, Andreas und ich.

Ich staune, wie wir alles bewältigt haben damals – wie ich die Rucksäcke gepackt habe mit Essen für drei Tage, mit warmer Wäsche, Kerzen und Gedichten. – Und wie wir mit dem schweren Gepäck den schmalen, steilen Weg zur Hütte abgestiegen sind. Immer war noch mehr möglich in diesem Seelenfieber, zwischen Erschöpfung und Zusammenbruch war kein Abstand einberechnet.

Am Abend rief mich Andreas in den Garten hinaus. Eine fadendünne Blindschleiche kroch über den Kiesweg, den er zusammen mit Martin neu ausgeebnet und eingestreut hat.

Ich webe mich. Niemand zwingt mich in das Auf und Ab der Zettelschnüre.

In einer dieser Herbstnächte ist auf dem Meer eine überladene Fähre im Sturm gesunken. Veronika ist auf diesem Schiff gewesen, deine erste Kinderfreundin. Sie war an einem Projekt in jenem fernen Land beteiligt.

„Zwei Schweizer waren auf dem gesunkenen Schiff", hatte ich in der Zeitung gelesen, bevor ich von Veronika wusste.

Ich habe Lucia angerufen, Veronikas Mutter. Wir schwiegen, wir sagten uns Wörter, wir sagten uns leise Wörter.

Nach deinem Sterben hat uns Veronika geschrieben. Sie erzählte von eurer Kindheit in den Bergen. Zusammen seid ihr durch diese ungebändigte Landschaft gestreift, Veronika, ihr Bruder Stefan, Selma und du. „... und immer an meiner Seite, wie eine kleine Elfe, meine Freundin Rosanna", schrieb Veronika. Ich bin auf den Estrich gestiegen und habe in der Schachtel mit den Trauerbriefen nach dieser Karte gesucht. Ich habe sie nicht gefunden.

Als erwachsene junge Frau habe ich Veronika nicht gekannt.

Ich sehe sie als graziles Mädchen mit dunklem Haar vor mir, wie sie selbstbewusst eine kleine Kindergruppe anführte. Mit ihren feinen Händen gestaltete sie winzige Figuren aus farbigem Wachs; Zwerge und Elfen und kleine Welten aus Flechten und Moos. Veronika ist Künstlerin geworden. Wir waren in einer Ausstellung von ihr.

In aufgereihten Schächtelchen aus weißem Gips barg sie die Tage. Sie sah ins Innere der Zeit.

In der Küche presse ich die Stirn an den Balken: Springen und hüpfen sehe ich euch, Hand in Hand, herunter vom Sträßchen in die hohen raschelnden Haufen vom Ahornlaub. Eine Schale Wasser möchte ich dir reichen, Veronika, vollkommen reines Wasser aus den Quellen oberhalb Samin. Unten im Märchenwald spricht das trichterförmige Moos am Fels, und im Juni erscheint der Frauenschuh, die fremde Schönheit ...

Herbst wächst. Die Maisfelder werden abgeerntet. Zuckermais kann ich nicht mehr kochen seit unserem letzten Abend. Einmal habe ich im Supermarkt die Hand danach ausgestreckt und bin zurückgezuckt. Du kommst ja nicht. Du kannst ja nicht. Du kannst nicht mehr kommen und von unserer Liebe essen.

Diese Müdigkeit ist nicht von mir. Ich trage sie wie ein fremdes Gepäck.

Auf dem Stein lag eine Blume. Nur Menschen legen Blumen auf Steine. Jemand muss hier gewesen sein.

So hat es vielleicht angefangen: Wir sind aus einem großen Warten herausgefallen.

Heute vor einer Woche ist Veronika mit Hunderten von Reisenden eingestiegen, als die zu schwer beladene Fähre aufs Meer hinausfuhr. Die Passagiere mögen sich fröhlich unterhalten haben. Einige tauschten Getränke aus im warmen Sonnenschein. Andere standen am Ufer und winkten.

Immer wieder zittern wir ob dieser Nähe; wie das Normale in jeder Sekunde unentrinnbar mit dem Tod verflochten ist: hier noch der warme Atem, Gelächter, Schweißgeruch, ein kleiner Streit – und über allem eine Hand, erhoben zum Paukenschlag, immer, jetzt.

Hast du sie kommen hören, Rosanna, die Freundin deiner ersten Kinderzeit? Vielleicht versteht ihr euch singend, und eure Kinderlieder begleiten euch „über Sterne, über Sonnen". Zwei junge Freundinnen sind jetzt mit dir: Veronika, die früheste, und Aline.

Heute ging ich über einen Spielplatz. Ein älteres Mädchen half seinem kleinen Bruder, auf die Wippe zu klettern. Ich sah etwas zwischen ihnen, das die gleiche Größe hatte, wie jede spätere Begegnung.

Was aus der Nähe ein unförmiger Brocken ist aus Sand und Stein, leuchtet als Stern aus der Ferne.

Ich spüre die Trauer wie eine neue harte Haut auf mir. Dies ist die Art von Schmerz, den ältere Frauen haben: der völlige Verlust des Eros, nicht der Verlust der großen Gefühle, sondern das Erstarren der feinen sinnlichen Aura, die auch von ganz alten Menschen ausgehen kann.

Ich sah ein Bild in der Kirche von B. Maria kniet unter dem Kreuz. Christus liegt auf ihrem Schoß, und ihr Gesicht ist grau und trocken, geschlechtslos, verlöschend in unendlichem Gram.

Selma und ich sind in der Küche geblieben. Draußen stieß die Amsel Angstlaute aus. Wir weinten. Während wir weinten, wurde es dunkel. Wir machten kein Licht. Wir konnten diese Dunkelheit anfassen mit der Innenfläche unserer Hand. Wir rührten an dich.

Wir machten Feuer im Herd.

Nur dem Sterben gebührt des Atems Königsmantel.

Mit dir leben, Rosanna, mit dir ins Leben hinein sterben.

STERBELEBEN las ich vor dem Erwachen, mit Bleistift auf eine graue beleuchtete Fläche gekritzelt, in zittrigen Großbuchstaben. Das ist mir der einzige Weg.

Gestern haben wir im Sandsteinofen das erste Bündel Holz verbrannt. Jetzt, nach fünfzehn Stunden, ist der raue Stein immer noch warm. Manchmal kommen aus dem Balkenholz hundertjährige Stimmen, uralte Seufzer, und manchmal riecht es beim Bündeln der Zeitungen nach Zigarrenrauch.

Ich habe mein Patenkind besucht. Wir spielten mit Puppen. Lena zeigte mir ihre Spielsachen und erklärte mir alles. Wir waren getrost. Ich schlief kurz und leicht. Ein Einhorn ging durchs Zimmer.

Am Morgen ging ich den Hügel hinauf. Ich wollte Lucia besuchen, Veronikas Mutter. Sie wohnt in der gleichen Stadt. Auf dem Weg trank ich starken Kaffee in der Cafeteria des Bezirksspitals. Die Toilette war geräumig und rollstuhlgängig. Ich wärmte meine Hände im Wasserstrahl. Am Kiosk kaufte ich eine angewelkte Rose für Lucia. Es hatte keine andere. Die grünen Blätter waren schon abgefallen. Als ich zum Garten kam, stand Lucia auf dem Balkon. Sie schaute über die Stadt und zum Himmel, der matt wie Aluminium war. Als sie mich sah, kam ihr Lächeln vom Balkon herunter. Sie rief meinen Namen und bat mich in ihr Haus.

Auf der Kommode, Rosanna, war dein Foto neben Veronikas Bild aufgestellt.

Wir hielten einander, wir hielten einander umarmt. Wir standen neben der Zeit.

Lucia kochte Tee. Wir tranken ihn sehr heiß. Wir weinten.

Eure Tanzfüße, Rosanna, glitten herein, zeichneten Blüten ins Fenster, stickten Zukunft. Wir hatten zu danken.

Unverhofft schnaubte das weiße Pferd. Ungeduldig scharrte es. Herauf aus der Ebene kam das Hufgedonner der Herde, die uns vorausprengte. Wir folgten der Funkenspur.

Tante Claire gab ein Klavierkonzert, ganz allein, in Dürrbach im Bären. Über achtzig ist sie, klein und stark und ohne Alter. Viele Freunde waren gekommen, ein ausgewähltes Publikum. Im Saal glänzte das dunkle Holz vor Herbst und klingender Fülle.

Nach dem Schlussapplaus lächelte sie.

„Nein", sagte sie mit leiser, fester Stimme, „es gibt keine Zugabe. Ich möchte, dass ihr mit dem ‚Schubert' nach Hause geht."

Musik ist hörbares Licht.

Manchmal mach ich mir vor, dass ich einfach umkehren könnte in mein früheres Leben. Ich stehe am Herd. Ich rühre in der Pfanne und wechsle die Richtung. Im Flur sind deine Sachen verstreut; der alte Baumwollrucksack, die roten Schuhe, das Glitzertuch. Du bist nur noch schnell hinausgegangen; nur für diesen Augenblick, bis die Karotten gar sind und wir zusammen essen werden aus den glasierten Tonschalen.

Hinter unserem neuen Lachen ist es traurig, hinter unserem neuen Lachen ist es hell.

Im Ufergehölz wohnen Wasservögel. Wieder ist das Wasser der Merla gestiegen. Durch die geschlossenen Fenster rauscht es gewaltig. Wir stehen nachts auf und hasten auf den Steg hinaus. Mit der Taschenlampe leuchten wir die Böschung ab. Noch sind wir nicht an dieses Strömen gewöhnt.

An den Abenden legt sich ein heller Schein auf die Dielen. Selma ist hier. Wir halten einander. Das ist gut, Rosanna, weil du uns zugewandt bist. Mit dem Rücken sehen wir Heimat. Der vertraute Name erscheint in Spiegelschrift.

Ich erwachte in der Nacht. Ich erwachte fallend und falle weiter ohne Aufprall. Die Welt ist weich und schrecklich. Der Garten ist dunkel.

Blind pflückte ich Lilien für dich und Novemberrosen. Sie haben schon etwas Winter abbekommen an den Rändern.

Von deiner jungen Birke fallen die Blätter ab, sonnengelbe Blätter. Ich habe einige gesammelt und in ein Buch gelegt.

Wir waren bei der Abschiedsfeier für Veronika.

Ein Echo ging im Kreis. Alle brachten ein Licht. Ich sah, wie das Meer blutete.

Aus alten Menschen kommen manchmal junge Stimmen.

„Wer aus mir trinkt"

Der Weg schmeckt bitter. Der Weg geht durch den starren Mund.

Der Herbst macht ernst.

Ich will arbeiten. Ich will verzeihen, mir und jedem. Bevor es hell wird, bete ich am Küchentisch. Du stehst sehr streng und wach in diesem Beten, Rosanna. Ich suche die Tage zu „überwinden", wie Morgenstern sagt. Ich stelle mich den Stunden und ernte Nachsicht.

Hingegen lauf ich auch manchmal im Zickzack wie ein verfolgtes Tier. Die Verwundung zieht die Ungeheuer an. Doch in der Gnade tasten die Wegränder nach mir und die Fußstapfen. Ich suche nicht. Es geht.

Ich lese dich in einer anderen Sprache, Rosanna. Noch bin ich dieser Schrift nicht mächtig.

Das inwendig Andere zersprengt mich.

Ich breite die Arme aus: dich zu umfassen, dich zu entlassen. Die gleiche Gebärde.

Gestern waren wir bei Kerners. In ihrem kleinen Haus geschehen die Dinge in Würde. Sie haben einen vergessenen Klang herüber gerettet aus dem Gestern. Feuer knistert im Herd, und das Sonntagsgeschirr ist aufgedeckt. Alles ist bereit für Musik und Gespräche, anspruchsvoll und schlicht. Die Linden haben ihre Kräfte winterlich gefaltet. Die Läden stehen offen gegen den Wind.

„Das Auge tränt", sagte Dieter, als ich sah, dass er weinte.

Wir kennen diese Nacht, Rosanna, die Nachtigallennacht; ein Jubilieren in den Auen und dann das Donnern der Eisenbahn von der Brücke her. Eine weit verzweigte Wurzel heb ich sorgsam aus, schick sie dir nach, pflanze sie umgekehrt, dass sie zurück blüht zur Erde.

Kaum kann ich noch weinen. Schon wieder ein Winter.

Vor dem Bösen, behüte uns. Vergib uns! Kann er das, Gott?

Schnee fällt und Regen, es regnet in den Fluss.

Allerseelen

Aus dem Riss ist ein Krater geworden, unausweichlich, nicht zu umgehen. Aus Furcht zu fallen, sprang ich in die Glut, absichtlich, alles zerstörend, alles mitreißend. Wider Erwarten blieb ich am Allerverletzlichsten hängen: rosa Erdrauch klammerte sich an mich, Schuttblume Mohn und Königskerze.

Im Rosenpark saß der blinde Mann auf einem Campingstuhl. Er spielte auf seinem Akkordeon. Die Leute gingen vorbei und lächelten ohne hinzusehen.

Auf meiner Kinderflöte suchte ich die Töne. Es war ein Kinderlied. „Aus Gottes Hand in Gottes Hand", stand auf einer Todesanzeige. So ist das Lied.

„Rosanna, Rosanna, Rosanna", singt es in meinem Kopf nach der Melodie des Musicals ‚West Side Story'. Damals war ich dreizehn.

Ich kauerte im hohen Gras. Der getigerte Kater entwand sich meinem Schoß. Ich ließ ihn laufen. In der Küche riefen sie nach mir.

Das Sterben werde ich wohl schaffen. Allen gelingt es auf ihre Weise, am besten den Kindern. Ich kann mir nicht selber helfen, nur zulassen den Glanz auf den gewendeten Blättern. Ich versorge das Haus, so gut es geht. Ich schütte das alte Blumenwasser die Böschung hinunter. Ich rieche Fäulnis wie von schlechtem Atem. Gefräßige Tierchen bewirken die Verwesung, die Entwesung.

Die Therapeutin schlug ein warmes Tuch um mich.

Durchwachte Nächte; ich schwitze im kalten Zimmer. Nichts ertrage ich auf der Haut. Die Falten in der Wäsche quälen mich. Ich verstehe plötzlich, dass sich psychisch kranke Menschen nackt in den Schnee legen. Ich möchte immerzu Haferbrei essen.

Der „Teufelskreis" wird wörtlich. Ich entwerfe einen Fluchtplan. Auf den Hügeln stelle ich kupferne Würfel auf, den Wind zu fangen. Der Zweifel verzweifelt mich.

Es geht aber. Es lässt mich gehen. Ich lasse mich. Es geht mich.

In den Glocken wird das Schweigen gehütet.

Gedanken wandern in meinem Kopf.

Was ist Kunst, Rosanna, was hebt die Kunst ab vom Kitsch?

Früher: von den Göttern herüber gespiegelte Schönheit. In der Moderne: eine Symmetrie des Geistigen, das weibliche Wort, göttlich gebogen einwärts.

Je materialistischer das alltägliche Bewusstsein, desto verdünnter die Kunst, kaum mehr sinnlich wahrnehmbar oder von übermaterieller Schwere wie die Eisenplastiken von Luginbühl.

November

Der feste Grund, auf dem ich gehen will, gibt nach.

Eher gilt es, den Schulterschritt zu üben, fliegend fallen.

Täglich schreib ich dich, Rosanna, alles ist dir geweiht: die Föhnfische, die Möwen im Fallwind und die Chrysanthemen. Deine Minze wird uns überleben. Unter deiner Birke wächst sie und vermehrt sich. An unserem letzten Morgen hast du einen vertrockneten Zweig abgepflückt für deinen Tee. Ich sah dich an und weinte und wusste nicht den Grund.

Ein blinder Mann aus Indien schrieb über die Natur: *„Selbst ein Wasserfall ist kein Lärm, weil in mir auch so ein Wasserfall ist."* Das wäre zu erwidern, wenn uns wieder jemand fragt, ob es uns nicht störe, dieses unablässige Rauschen der Merla um unser Haus.

Die Ambulanz ist durch das Dorf gerast. Der Feierabend naht wie immer mit Milchkaffee und frischem Brot und Kriegsberichten. Die Azaleen im Treibhaus haben bereits ihre Knospen angesetzt für Weihnachten, um zu blühen weiß und rot.

„Rosanna wartet bestimmt auf euch, das garantiere ich", hat Martin gesagt, als er unsere Zweifel bemerkte. Er hat eine Türe eingebaut zwischen den Schlafzimmern. Nun hat Selma ein eigenes Zimmer, wenn sie bei uns übernachtet. Martin ist mit uns verwandt seit du gestorben bist, blutsverwandt sogar. Als wäre es bloß ein Versehen der Gene, dass er nicht unser leiblicher Bruder ist.

In der Frühe auf dem Friedhof spricht Andreas laut mit dir. In der Frühe ist die Welt ein großes Ohr.

Es wird kalt. Auf dem Paulusplatz ist wieder Jahrmarkt. Am Stand mit den Spielsachen aus dem Erzgebirge steht frierend eine andere junge Frau. Sie spricht freundlich mit den Kunden. Sie weiß nichts von dir. Wir haben von dort noch ein paar Blechschmetterlinge zum Anstecken.

Der Schmerz verwächst mit uns, mit Haut und Blut und Knochen.

In der Zeitung las ich von einem alten Mann, der seine verstorbene Frau monatelang bei sich im Bett behalten hat. Täglich hat er sie gewaschen und frisch gekleidet. Ich verstehe das sehr gut. Niemand hat das Recht, über ihn zu urteilen.

Vielleicht vollzog er sein eigenes Abschiedsritual wie in alten Kulturen, wo die Toten einbalsamiert und mit Speise versehen wurden.

Eine Kosmeenblüte ist noch rötlich. Die Schmetterlinge haben sich verpuppt. Nur der Zitronenfalter schläft an den kalten Stein geschmiegt.

In den alten Balken räuspert sich der Frost. Hügelauf und ab lief ich im Schnee und glaubte plötzlich, es sei ein Traum, dass du gestorben bist. Bevor ich die Brücke betrat, sah ich dich im Dachfenster.

Zitternd schreibe ich diesen Satz, sträube mich vor seinem Pathos: Ich sah deines Wesens Wirklichkeit.

Der Briefträger grüßte freundlich über den Zaun.

Eines Tages werde ich ein Gedicht für dich schreiben, Rosanna, noch irdisch, noch zu Lebzeiten. Rosen werden darin sein und Tautropfen und die güldene Sonne, und die Kathedrale wird noch immer in den Fluss schauen mit den tausend Augen ihrer Steinmetze.

Einmal riss der Strang und der Glöckner wurde erschlagen von seiner Glocke.

Heute wird das Läuten elektronisch gesteuert, und wer früher Glöckner geworden wäre, ist nun Koch oder Schiedsrichter oder EDV-Experte.

Es ist Zeit für die letzten Blumenzwiebeln. Die farbige Verpackung der Narzissen und Krokusse ermutigt mich. Ich mache in der feuchten Erde eine kleine Grube und lege die Zwiebeln hinein mit allen guten Wünschen.

Wenn es einen Himmel gibt, muss er auf der Innenseite der Welt sein, wahrnehmbar, für wahr zu nehmen, sinnlich ertastbar. Vielleicht kommt das Sehen der blinden Menschen diesem Erleben sehr nah. Das Sehen mit den Händen schmerzt von unsagbarer Wirklichkeit.

Drüben wird die Mühle umgebaut. Was einst zum Leben diente, wird Schicht um Schicht abgetragen, wird entsorgt mit hohlem Gerumpel und in Metallcontainern abgeführt.

Nach dem Regen senden die Pferde ihren scharfen Geruch zu uns herüber. Der Nordwind hält still in der Senke des Dorfes. Einzeln in den Stoppelfeldern stehen die Reiher. Der Wasserstand sinkt.

Alines Eltern haben uns einen alten Ofen geschenkt. Pausbackige Engelchen zieren die Kacheln, immer zu zweit. Wir lassen ihn im Dachzimmer installieren.

Ich wende mich südwärts. Ein Lichtsplitter ritzt die Haut. Maria trägt das Jesuskind vorbei.

Ich kam ins kalte Haus, fror aber nicht. Ich machte Feuer. Nun sind es 15 Grad.

Verwegene Träume erlaube ich mir. Du habest vielleicht noch geatmet, hat Irina gesagt. Sie erinnert sich nun wieder an diese Augenblicke danach. Bilder wühlen sich durch meinen Kopf wie ein verbotener Film: du wärest vielleicht gerettet worden, operiert, gesund gepflegt ...

Gedanken wie Hirnkrämpfe: Ich suche dich herbeizuzwingen, und wenn dies nicht gelingt, besteche ich den Engel. Mir ist, als kämest du in meine Arme und ich stammelte Wortfetzen. Ich erstarre in diesen Gebärden bis zur Erschöpfung und zeichne wie auf Tonband die fremden Klagelaute auf, die aus meinem Mund kommen. Ich irre durch das leere Haus. Die Stunden fallen in Trümmer.

Wie geht es? Ich gehe.

Bist du das gewesen, Rosanna? Gegen meinen Willen bin ich aufgestanden.

Das Fließen rief nach mir. Ich ging hinaus und blickte aufs Wasser. Ein Gebet holte mich ein. Ich war ein kleines Kind und kniete unter freiem Himmel: „... aber sprich nur ein Wort ..."

Wie ging das zu, vor einem Jahr, dass ich nicht tot umgefallen bin? Dass ich die Koffer gepackt und Leute empfangen habe und im Supermarkt meine Hand ausgestreckt habe nach den vernünftigen Dingen, und dass ich zurück gefunden habe in die Wohnung.

Dass ich nicht Feuer gelegt habe, heimlich, in fremden Kellern, und man hätte mich dort eingesperrt, wo ich hingehörte. Dass ich nicht lief bis zum Umfallen, oder regungslos ausharrte mit erhobenem Fuß wie am Brückenkopf jenes Mädchen aus Bronze.

Wie sich alles einfügt in diesen großen Tanz, das Liebliche und das Entsetzliche, und in den Wäldern rufen die Quellen: „Wer aus mir trinkt, wird ein Reh, wer aus mir trinkt, wird ein Reh!"

So saß ich in eurer Mitte an allen Abenden des Glücks und erzählte: „Brüderchen und Schwesterchen und Schwesterchen und Schwesterchen und Schwesterchen."

Tagsüber trage ich mein schweres Fleisch. Ich könnte wachsen wie ein gelähmter Elefant, bis ich das Zimmer fülle und mein Kopf durchs Fenster fällt.

Welkend sogar, bringen die Blumen noch Farben hervor.

Heute steht Veronika aufrecht in der Küche: eine Haltung, als warte sie auf der Bühne, Sekundenbruchteile vor dem Auftritt. Träumend habe ich sie zum Essen eingeladen. Wir decken den Tisch zusammen, Rosanna. Wir decken den Tisch für deine Freundin. Ihr jungen Frauen liebt die feinen Dinge, ein Schäumchen Milch auf dem Espresso, Thymian und weißes Brot und saure Zwiebelchen. Das Essen zu bereiten für euch, ist mir so wichtig.

Die Mütter wollen ihre Kinder nähren lebenslang; braten und backen und kochen.

Die erwachsenen Söhne, selbst wenn sie ein Land regieren, essen am Tisch ihrer Mütter die süßen Speisen der Kindheit.

Die ungeweinten Tränen stecken im Gehirn. Ein kaltes Denken umklammert den Kopf. Manchmal verliere ich das Maß für die täglichen Dinge. Eine unerklärliche Gier wächst aus dieser Leere, wo früher Lebensfreude war. Ich kaufe Mützen in allen Farben, die ich nie anziehe. Nachdem ich lange Zeit kaum Speisen schlucken konnte, könnte ich nun immer Butterbrote essen, bis mir übel wird.

Ich erwachte, bevor es hell wurde und ging mit bloßen Füßen hinaus zu deiner Birke.

Kielunter

Der Sonntag hat ein Buch für mich: Die autistische Tierpsychologin Temple Grandin hat erforscht, dass die Rinder lieber im Kreis zum Schlachthof laufen als auf geradem Weg. Diese These wurde wissenschaftlich erhärtet. Die Tiere zeigen kaum Angstreaktionen und das Fleisch ist schmackhafter. Was meinst du dazu, Rosanna, die du kaum Fleisch gegessen hast? Vielleicht gibt es keine natürlichen geraden Wege, außer dem Fluchtweg.

Lächelnd stehst du auf dem schmalen Grat, der zur Geröllhalde führt, und blickst nach Schmetterlingen aus.

Kirchengeläut wogt ans Fenster. Bald kommt deine Schwester. Behutsam setzen wir Fuß nach Fuß. Ein Klangspiel aus Glas hängt in der Birke. Da wiegen sich unsere Träume, verpuppte Klänge Herz an Herz.

Vor Jahren hat uns ein Freund eine Lichtmühle geschenkt. Sie ging uns im Dunkeln verloren.

Nun werden die Schaufenster mit Weihnachtsmännern dekoriert. Mir scheint, sie werden zahlreicher Jahr um Jahr. Selbst beim Motorradshop hat jemand einen auf die Scheibe gesprayt, mit Hilfe einer großen Schablone. Von innen wird die Szene blau angeleuchtet. Nur die Sirene fehlt in diesem Blaulichtmilieu.

Trotz allem hält ein Heiliges Einzug. Beim Einnachten riecht das Dorf nach Kerzen. Die Baugrube an der Hauptstraße hat noch ihr altes Haus in den Köpfen der Einwohner.

Am Himmel wartet Regen.

November

Markus hat Geburtstag, mein Patenkind in Kanada. Er wird heute fünfundzwanzig Jahre alt. Ich habe ein Fax geschickt, verspätet.

Kielunter schlingert unser Boot – in der schweren See, wie die Schiffer sagen. Kielunter noch immer, Rosanna, und jemand hat zaghaft ein Segel gesetzt, ein rötliches Fetzchen, ein Fahnengebetchen, ein halbes gestammeltes Wort ausgefranst an den Rändern. Der unsichtbare Wanderer Mond weist uns den Kurs. Uns ist, als ließest du dich fallen, einwärts gerollt und hell erleuchtet vom Blitz. Wie ein Flugsämchen haftest du auf unserer Netzhaut.

In der Schule übe ich ein Krippenspiel mit den Kindern. Der gute Hirte gibt sein Leben für seine Schafe. Ich kann nichts hingeben. Der Wolf will mich nicht.

Es ist noch dunkel. Andreas kocht Kaffee in der kalten Küche. Ich liege und warte. Ich höre seine Schritte auf den Stiegen und freue mich, dass er herein kommen wird mit den heißen Tassen. In meine Tasse rührt er einen Löffel Zucker, und in seiner Stimme hat er Zuversicht für mich gesammelt.

Ungebeten naht Weihnachten schon wieder, Rosanna. Du wirst wieder nicht kommen, und alle Jahre unseres Lebens wirst du nicht kommen mit deiner Geige und aus den Servietten himmelblaue Blüten falten, Seerosen für den Weihnachtstisch. Einige liegen noch zerknittert in der Weihnachtsschachtel. Ich habe Foliensterne herausgenommen für dein Grabkreuz, und schnell die Schachtel wieder verschlossen, dass nichts glitzern kann.

Vielleicht können wir die Vorhänge zumachen, und draußen kann der Heilige Abend vorbeigehen wie jeder andere.

Ich will dich nicht festhalten, Rosanna. Ich will mich verabschieden. Ich lasse dich gehen ins Land der Mütter, brennend vom süßen Biss der Bienen. Ich sehe dich als alte Frau im Schein der Flammen, Wachholderholz knistert, und alle Blicke sind auf dich gerichtet.

Zuweilen ergebe ich mich dem Tier, das mich anspringt. Die Märchen können mir gestohlen bleiben. Ich komme aber nicht an gegen die Tapferkeit. Ich kann mich nicht fallen lassen. Ich schwimme, um nicht zu brechen. Ich will den Sinn in allen Dingen nicht verhindern.

Hoch über dem Tal ein Beben, winterliche Saat und Schnee, sanft die Erwartung in der kalten duftlosen Luft.

Weißt du noch, Rosanna, den Winterwald in Aubach? Man hörte die Wurzeln träumen unter dem Schnee. Ich hatte dir ein altmodisches Mäntelchen angezogen aus graugrünem Wollstoff. Deine Gesichtchen glühte vor Glück. Du warst zwei Jahre alt, und noch war keine Spur von Erdenschwere in deinen Schritten. Leo, unser Schäferhund tobte und hechelte um uns herum und wollte mit dir spielen. Schwere Äste, die du kaum heben konntest, legte er dir in den Weg. Jauchzend hast du sie ihm zugeworfen, bist hingefallen und wieder aufgestanden und gelaufen, gelaufen, gelaufen im weißen Land.

Dezember

Ein helles Weinen fasst mich an der Schulter, schüttelt die Härte ab, das Klammereis bricht. Niemand kann die Dämmerung anhalten. Ein Weg aus Stimmen wächst mir entgegen wie ferne Heimat; Föhrenbüschel winken im tief verschneiten Tal.

Rosanna, Sonnenkind, Rosanna, schöne junge Frau, Rosanna dort, im absoluten Hier.

Deine Freundin Celia kommt heute. Auf der Thujahecke liegt Raureif.

Seltsam habe ich von dir geträumt: *Du saßest auf einer Sitzbank im Stadtbus, ich dir gegenüber. Du wirktest jünger, vielleicht neunzehn Jahre alt. Die Leute schauten dich bewundernd an, denn du warst Europameisterin im Tennis geworden. Ich sah dich im weißen Sportdress über den Platz laufen. Deine Füße machten ein federndes Geräusch auf dem rötlichen Belag. Du zeigtest uns eine Zeitung mit einer Reportage über dich als Sportlerin. Fotos aus deiner Kinderzeit waren zu sehen. Unsere ganze Familie war darauf abgebildet. Ich fragte dich, ob du immer Fotos von unserer Familie mit dir trägst. Du sprachst kaum und sehr undeutlich. Immer wieder legtest du deinen Kopf auf die Knie. Ich sah den Flaum auf deinem Nacken und den Leberfleck. Später wurden wir in ein Camp geführt und bezogen eine Gefängniszelle. In einer Art Sonderstatus durften wir uns in den Gängen frei bewegen. Beamte führten einen Gefangenen vorbei, einen gewalttätigen autistischen Mann.*

„Dass sie jetzt die Behinderten ins Gefängnis bringen", sagte ich. Plötz-
lich fiel mir ein, dass du ja gestorben warst, und ich wunderte mich über
die Geschichte mit dem Tennis, denn für diesen Sport hast du dich nie
interessiert. „Diese Tennisvereinigung ist sehr umfassend", sagtest du,
„in diesen Mustern wird die Schönheit und Vielfalt der Landschaft er-
halten."

Ich erwachte, weil das Telefon klingelte. Andreas rief an vom Friedhof.
Er hat am Adventskranz die erste Kerze angezündet und unser Advent-
lied gesungen. In der Frühe ist er allein auf dem Friedhof, da hört niemand zu; da sind nur die Amsel, der Schnee und das Kinderlied mit
seiner tiefen Stimme.

Ich bin nicht mehr der Eisturm mit Füßen.

Ich sehe wieder in die Leute: am Kiosk, im Zug, in den Warteschlangen.

Gestern stand ich am „Take away" im Bahnhof, um drei ‚Grittibänzen'
zu kaufen und einen heißen Tee. Der Verkäufer, ein asiatisch ausse-
hender Mann, verstand mich nicht. Als ich Tee verlangte, packte er die
‚Grittibänzen' wieder aus, und ich musste die Gebärde des Trinkens
machen und drei Finger aufstrecken, was ihn noch mehr verwirrte. Er
packte ein und aus und wieder ein und wir mussten beide laut lachen,
als spielten wir zu unserem Vergnügen das Spiel ‚kannit verstan', darin
ein tiefes gegenseitiges Verstehen eingeschlossen war.

Als ich weiterging zum Zug war die Atemluft der Reisenden als farbig
fließendes Gebilde sichtbar in den Hallen.

Sebastian hat angerufen. Er hat geträumt von dir, von „Jojo", sagte er
mit Zärtlichkeit in der Stimme. So haben dich deine Freunde immer
genannt. Dieser Name passt so gut zu dir, „Jojo", ein Tänzerinnen-
name.

Ihr wart zusammen in der Schule, du saßest in der Bankreihe hinter
ihm, irgendwie leichter als sonst. Er sah dich, ohne sich umzudrehen.
Du hattest deine lustigen Kleider an, orange rote violette Stoffe und ein

Röckchen über den Leggins. Sebastian wollte dir etwas sagen. Da blicktest du ihn an, wie wenn du sagen wolltest: „Ich weiß schon, was du mir sagen willst."

Sebastian ist gestürzt mit dem Fahrrad. Er hat eine Hirnerschütterung. Alle sagen, er hat noch Glück gehabt.

Vor dreiundzwanzig Jahren seid ihr einander zum ersten Mal begegnet. Wir stellten uns den Mitarbeitern vor im Internat in den Bergen, wo wir danach elf Jahre gewohnt und gearbeitet haben. Es war ein eisiger Januar, minus 20 Grad, mit Sonne und klarem blauen Himmel. Selma lag noch in der Babytragtasche, dick eingepackt zwischen zwei Wärmeflaschen. Sebastian stand aufrecht im Laufgitter. Er sah uns prüfend an. Nichts entging seinem schelmischen Blick.

Sebastians Vater hatte eine leitende Stellung an der Bergschule. Wir wussten nicht, dass er bereits schwer atmete. Er war ein Mann mit starker Ausstrahlung. Im Vorraum des Speisesaals sah er dich, Rosanna, ein kleines Mädchen von zweieinhalb Jahren. Du hattest ein Leinenkittelchen an mit zwei aufgedruckten Kirschen. Zögernd bliebst du stehen. Da kniete er nieder und streckte dir seine geöffneten Hände entgegen.

Auf deinem Gesicht erschien ein Lächeln und du liefst in seine Arme. Wenige Jahre später ist er gestorben, aus der Mitte des Lebens.

Ich will diese Dinge noch tun, Rosanna, die in der Zukunft verborgen sind. Traumäpfel im späten Laub.

Ich träumte vom Unfall, zum ersten Mal: *Wir fuhren eurem orangefarbenen ‚Döschwo' entgegen. Kurz vor der Unfallstelle hielten wir an und setzten uns an eine Böschung, die der Straße abgewandt war. Wir hörten einen kurzen Schrei, dann fiel eine bleierne, unabänderliche Stille aus geringer Höhe auf uns. Ich wollte aufstehen und nach dir sehen. Ich war wie einbetoniert in der harten Luft.*

„Wir hätten nie anhalten dürfen", sagte ich. Später war ich in einem Konzertsaal in einem alten Schloss. Die Böden waren aus Mahagonihölzern mit eingelegten Rhomben und Sonnen. Ich leerte Wasser darüber aus einem Handtuchbehälter. Die Hölzer quollen auf und ich war völlig gleichgültig. Ich war nicht schadenfreudig und fühlte keine Gewissensbisse.

Apfelrosen

Es wird gesagt, dass du nun keinen Schlaf mehr kennst, Rosanna, nicht diesen Erdenschlaf durchwoben von Furcht- und Freudefarben. Vielleicht aber ist dir doch zuweilen weit innen ein Ausatmen gewährt.

Vielleicht ist die Erde mehr als wir sehen, und wir tasten die kühlen Knospen mit offenen Augen, weil wir glauben, dass Nacht ist.

Die Kinder haben sehr schön unser Krippenspiel aufgeführt. Leander, der kleine Hirte, turnte die ganze Zeit auf mir herum, und ich war ruhig.

Zu Beginn des Spiels bat ich um euer Kommen, ihr jungen Frauen, Rosanna, Aline, Veronika.

Unerwartet wandelte sich der Regen in Schnee.

Nun ist auch Julius, Veronikas Vater, auf der Reise gestorben.

„Glühende Rätsel", hat Nelly Sachs ihre späten Gedichte genannt.

Vor zwei Jahren vielleicht, Rosanna, hast du mir erzählt, dass du Julius in A. begegnet bist. Weiß geschminkt habt ihr Freundinnen Straßentheater gespielt, ein Pantomimenstück. Ein Zeitungsfoto von dieser Szene war lange Zeit an unseren Küchenschrank geheftet. Du siehst wie eine kleine eingefaltete Anemone darauf aus, als wolltest du sagen: „Seht, hier wiege ich die Traurigkeit der Welt."

Julius war unter den Zuschauern. Seit deiner Kinderzeit hattest du den Vater deiner ersten Freundin nicht mehr gesehen. „Wir haben so gut miteinander gesprochen", hast du gesagt.

In manchen Briefen schreibe ich: „Nun kommt ganz still unsere zweite Weihnacht danach." Gebäck liegt in der Kammer; Brot, Käse, Trockenfleisch. Wir haben auch Kerzen und Rosen und am späten Nachmittag wandert das Sonnenlicht an der gekalkten Mauer über dem Kachelofen. Das Herz ist wie ein fremder Vogel, der seine Flügel in mir wund schlägt. Ich möchte meine Mutter sehen. „Du armes Kind", würde sie zu mir sagen, nichts weiter, „du armes Kind", und ihre Tränen wären von mir.

Rosanna, du mein liebes, zartes, starkes Kind.

Und Andreas erscheint plötzlich in meiner Erinnerung, wie er vor zwei Jahren zur Türe eilte. Er hatte deine Stimme gehört im Treppenhaus.

„Die Familie!", rief er immer wieder, wenn wir alle zusammen waren, wie eine Beschwörung aus Freude und Furcht: „Die Familie!", als streifte ihn schon aus der Ferne, was auf uns fallen würde.

„Die Familie", rief er unvermittelt in das frohe Geplauder hinein, wenn wir um den Tisch saßen. Unbekannte reagierten befremdet ob dieser Ausrufe. Wir gingen lächelnd darüber hinweg. Wir glaubten, seine übermütige Art zu kennen.

Goldgelbe Zöpfe hast du gebacken, Rosanna, Liebesbrot. Das aßen wir zum Fest.

Der Duft bleibt uns für den Rest der Jahre.

Der Apfel, der glänzte im Gras, singt in der Glut. Eine Taube verblutet im Schnee, Schneewittchenzeit.

„Und wenn der Schnee verbrennt, komm nach Hause!", sagen die Mütter.

Stephanstag

An Weihnachten ist es nicht finsterer als sonst, nur dass der Schmerz offener ist und die Stille warm wie ein glühender Stein. Ich aß viel fette Süßigkeiten.

Wir sprachen wenig und wanderten über die nassen Hügel. Selma sah zwei Milane kreisen über dem Dorf, beinahe roch es nach Frühling. Wir sahen zum Himmel und Andreas rief deinen Namen. Die großen Vögel hoben die Flügel, einmal, zweimal, und vor dem schwarzen Gehöft verstummte der Hund an der Kette.

Ein schmaler ausgebleichter Fisch schlief im Weiher wie für alle Ewigkeit.

Am Heiligen Abend war auf dem Friedhof ein Raunen und Funkeln, vertraut wie in meiner Kindheit, als ich mit meinem Vater das Grab meines Bruders besuchte. Die Menschen flüsterten und legten Zweige auf die Erde.

Das schwarze Kastaniengeäst war eingebrannt ins Abendrot.

Der Ort zum Weinen ist nun innen, während ich mich anschicke, freundlich zu grüßen und im Laden einzukaufen. Ich rieche die Kühe aus großer Entfernung. Hin und wieder lauf ich kurz nach draußen und weiß, sie sind noch da.

Aus Transparentpapier falten wir eine Laterne für Veronikas Familie. Darauf sind sie zu sechst im Kreis.

Die Ungeheuer kratzen an den Ritzen. In der kalten Winterluft wenden wir uns den Apfelrosen zu. Sommer pocht sacht herein. Eis blüht am Fenster.

Der Seelenkrug ist auf das Äußerste gespannt, darf nicht springen.

Sechzehn Monate. Damals waren deine Winter neu, mit dem Schnee und der weißen Sonne und der Taube am Brunnen. Jetzt schneit es aufwärts. Ein Dohlenschwarm zieht am Himmel.

Gestern war Alines Familie bei uns, Rosanna. Immer schaut ihr uns an, wenn wir zusammen essen und erzählen. Wir lachen auch, und ihr entfernt euch nicht.

Alines Mutter sah verletzlich aus. Ein jedes war wie in sein Gebet gekleidet. Das gab eine heitere Tiefe. Die immerwährende Farbe des Todes an allen Orten, hält mich im Leben.

„... und sieh dir andere an: es ist in allen ...“, sagt Rilke. Dass wir wissend gehen können, tanzen sogar, das hebt uns heraus aus der Härte

Januar

Wir sind in Deutschland gewesen.

Während Andreas Konferenz hatte, wanderte ich durch die Gassen der Kleinstadt.

Ich wurde müde und ruhte mich in der Stadtkirche aus. Ein Baptistenpfarrer hielt die Mittagsandacht.

Rosanna, mir ist, als hätte ich bis zu deinem Tod in gefälligen Bildern gelebt. Wohl habe ich christliche Rituale mitgemacht und Gebete gesprochen mit euch Kindern. Das schien mir natürlich. Selbst als meine Eltern starben, rettete ich mich in fremde Vorstellungen. Wie ein Kind hielt ich die Augen zu, um nicht gefunden zu werden.

Einmal jedoch ist Gott ohne Wenn und Aber hereingekommen, nur ungeheuer kurz: Ich unterrichtete die Jugendlichen unserer Schule im schmalen Sitzungszimmer über dem Parkplatz. All die gewöhnlichen Dinge, das Holz der Stühle, der Kugelschreiber, und besonders die linke Ecke des Tischs waren zum Bersten von Ihm angefüllt.

Um Mitternacht sind wir nach Hause gekommen. Es war eisig kalt. Im Schlafzimmer war das Thermometer auf minus acht Grad gesunken. Andreas machte Feuer im Sandsteinofen. Ich wärmte ein wenig Milch, die wir im Bett tranken. Wir schliefen ohne Traum.

Früher Morgen. Geschäftiges Surren und Brummen von der Straße her sickert in mein stummes Haus. Schwerverkehr. Die Fernfahrer kämpfen mit dem Schlaf. Die Fernfahrer grüßen einander und wissen, wo am besten gekocht wird: im Gasthaus zur Traube, wo die Nussgipfel weiß glänzen unter den Plastikhauben. Schon der Duft vom Kaffee ist trinkbar hier, und das Lächeln des dunklen Mädchens, das serviert, ist in allen Nischen, liliengleich, wie ein tröstliches Versprechen. Und keiner von diesen Männern würde es wagen, sie auch nur mit einem Blick zu berühren. Da schauen sie einander auf die kräftigen Hände.

So bist du auch gewesen, Rosanna. Dein heller Ernst wies jeden auf seinen Platz.

S T E R B E L E B E N las ich, zittrig mit Bleistift ins Weiße gekritzelt, und erwachte; wissend, dass ich sterbend bin, weil wir eins sind in diesem großen Regen, der auf uns fällt, herein durch das offene

Fenster, wo noch dein Atem ein und ausgeht auf dem Saum der Nächte. Ich müsste sterben, wenn ich nicht sterbend wäre. Da fällt es mir auch leichter, das Haus in Ordnung zu halten, Briefe zu schreiben, Feuer zu machen, die Nachbarn zu grüßen und die Rosen zu schneiden.

Landeplatz

Februar

Wir standen an deinem Grab. Es schneite und wir hielten uns warm. Ich wischte den Schnee vom Engel, den Selma gemalt hat. Als wir aufsahen, stießen plötzlich zwei Milane herab, flogen in einer Schlaufe über uns und verschwanden.

Wir hatten Besuch heute. Esther, Fred und Tante Claire aßen mit uns. Ich schürte das Feuer bis die Herdplatte rötlich schimmerte. Kälte klirrte draußen. Claire spielte auf unserem alten Klavier, das neu gestimmt ist. Wir hörten hinter die Töne. Dann sprachen wir vom Sommer.

Eine andere Zeit ist im Kommen, Rosanna. Die Schneekristalle, die Knospen, das Brot, haben ihr Schreien eingestellt. Dein Abschied will Heimkehr werden, da hilft kein Sträuben in der nächtlichen Sonne. Ein Vogel singt herein.

„So müsste man den Stein aufheben können und in wilder Hoffnung halten, bis er blüht ..." – Ingeborg Bachmann (Spruch auf Julius' Todesanzeige)

Wir haben das Dachzimmer hergerichtet, Selma und ich. Alles Holz haben wir mit Schmierseife abgewaschen, dass es glänzt und duftet.

Niemand muss wissen, dass wir dein Zimmer hergerichtet haben. Es ist ein ganz neues Zimmer, das nichts festhält, ein flüchtiger Landeplatz für unser gemeinsames Wort.

Es schneit. Auf dem Futterbrett hockt dick aufgeplustert das Rotkehlchen.

Das Wasser summt in der Pfanne, die Glocken bergen das Schweigen und die Ungeheuer schlafen auf dem Ofen.

Es schneit, und wir könnten jederzeit aufbrechen in ein fremdes Land. Wir trinken Tee mit unseren Freunden. Wir schweigen. Wir erzählen von dir.

Mit Schneeschuhen kämpften wir uns die Anhöhe hinauf, gestern.

Mein Pferdchen, das weiße auf den drei Beinen, geht hinkend. Ich bin mein eigener Hund, der mich anblickt.

Mit dir, Rosanna, sind wir zuletzt auf Schneeschuhen gegangen in den Bergen, erst scherzend und oben nach dem steilen Aufstieg, still, ohne ein Wort. Unter einem Felsvorsprung kauerten wir, vor dem Sturm geschützt, und tranken Tee. Jung und in rötlichen Farben kommst du von dort in meine Erinnerung: rot deine Wangen, rot deine Jacke, rötlich dein Lachen und deine Stimme, hörbares, tastbares Rot, und über dem Grat tobten die eisigen Winde.

„Das Leben ist nur ein Streifzug", habt ihr euer gemeinsames Tanztheater genannt.

Sonntag schmerzt mit leisem Leuchten. Die Pferde trinken am Brunnen, verhaltenes Scharren von Hufen auf dem gesprungenen Asphalt.

Andreas singt für mich. Andreas reicht mir einen großen Becher starken zuckersüßen Kaffee. Wir trinken und weinen.

In meinem Traum ist Blut geflossen: *Ein Messerreigen hat mich böse angeblitzt, als schwebte an der Zimmerdecke eines jener Schaufenster mit den aufgeklappten Stell- und Taschenmessern. Ich stand auf der Leiter und hielt ein Kohlebecken hoch, um die Spitzen zu schmelzen.*

In der Zeitung las ich, dass ein betrunkener Autofahrer zwei Menschen totgefahren hat. Nach wenigen Monaten erhielt er seinen Führerschein zurück.

In der gleichen Zeitung wurde der Verlust eines kostbaren Bildes gemeldet. Ein Mann hatte es in seiner Sammelleidenschaft an sich genommen und beschädigt. Der Kunstsammler muss für Jahre ins Zuchthaus.

Was das für Richter sind?

Andreas saß am Tisch und weinte. Wir lehnten Schulter an Schulter, dass keine Kälte zwischen uns fallen konnte. Schnee fiel vom Dach. Nach Stunden war das Feuer erloschen im Herd. Als wir es wagten aufzustehen, waren die Kartoffeln noch warm. Das war eine unendlich kostbare Wärme, die wir langsam aßen.

Wenn es irgendwie geht, muss man nach draußen gehen und nach den andern schauen. Immer ist da jemand, der eine Decke braucht, ein Wort vielleicht oder ein Schweigen; und süße Mandeln.

Das ist der einzige Weg aus dem Innenschmerz.

„Der Mensch, zum Mitschmerz fähig", hat Hilde Domin gesagt; welch tiefes unverbrauchtes Wort.

Als ich die Hände wusch in der Frühe, sah ich plötzlich das Wesen des Wassers, ein Blitzlicht in Zeitlupe. Nun fließt es wieder normal.

In den Spitälern wird bereits Licht gemacht. Die Nachtwachen werden abgelöst und die Garderoben riechen nach frischem Gebäck und gefütterten Stiefeln. Die Lifttüren zischen sanft, und für die ruhelosen Kranken kommt endlich die Dämmerung.

In den Wäldern bewegen die Tiere ihre warmen Körper; die Rehe im Schutz der Fichten und die Füchse in ihren Höhlen, und im Gehege über dem Dorf stehen unbeweglich die Hirsche und schauen ins Tal.

Zwei sehr große Vogelfüße glitten am Küchenfenster vorbei. Rauschend flog ein Reiher durch den Garten.

Deine Freundin, Rosanna, hat ein kleines Mädchen geboren. Es hat einen Sternennamen. Etwas bäumt sich auf in mir, nicht um des Kindes willen, das von dir angeleuchtet ist. Eher, als hätte ich sehr früh versäumt, ein fernes Herz zu lieben.

Selma hat dich gemalt, Stirn an Stirn mit dir führt sie den Stift.

Auf dem Blatt hältst du inne für uns, nur kurz, im Tanz.

Eisblumen, nochmals Eisblumen und das Gelb der Winterlinge.

Ich esse den ganzen Tag. Immer halt ich mich an Broten fest und an Kartoffeltüten, all die langen Stunden im Zug. Die Lastwagen transportieren das Essen von den Verteilerzentralen gekühlt durch die Kälte, Obst aus Spanien und gefrorene Lämmer aus Neuseeland, wo noch Sommer ist. Hier kommt schon wieder ein Frühling.

Ich lerne eine Bildzeitung auswendig. Ganze Schulklassen sinken vor dem zerfurchten Gesicht eines Sängers in die Knie. Der Mann scheint schwer zu tragen an diesem Beten und Flehen der kindlichen Massen.

Wir sind nach E. gefahren, Rosanna. Man muss viermal umsteigen. Wir zündeten Lichter an für dich und für uns alle in der Gnadenkapelle, echte Wachslichter. Die elektrischen Lämpchen setzen sich nicht überall durch.

Die Regionalzüge sind schlecht geheizt. Einige ältere Frauen sind auf dem Weg in ein Bergrestaurant, wo es Sonne gibt und ein Seniorenmenü. Die Frauen haben ihre Männer nicht mehr. Ich verstehe plötzlich, wie viel Tapferkeit es braucht, um sich allein auf den Weg in die Sonne zu machen. Ich würde auch gerne hinfahren.

Viele Menschen sprechen vom Krieg, der droht im Irak, und vom Terror, der sich überall ereignen könnte. „Panikmache", sagt jemand und erzählt von anderen Dingen. Das „öffentliche" Leid wirkt fast beruhigend, als würden wir mit fremden Tränen gegen die eigene Verwundbarkeit geimpft.

Ich weiß nun, was das ist, wenn Rilke schreibt vom *„Heraus gebrochen sein aus seiner Form"*, ob ich will oder nicht.

Wann sollen wir denn weinen ...

In einer Seitenkapelle der Klosterkirche wurde eine Hochzeit gefeiert. Zuerst sah ich die hellblau kostümierten Kinder. Ihre Blütenkleidchen waren über dicke Sportjacken gezogen, sodass sie wie ausgestopft aussahen.

Die Braut, blass, nicht mehr ganz jung, mit künstlichen Blüten im Haar, stand wartend unter der Christusstatue. Eine pelzbesetzte runde Schleppe umgab sie wie ein kleiner Teich, als könnte sie jederzeit darin versinken. Sie hatte ein sympathisches Gesicht. Ich hätte ihr sofort vertraut.

Der Bräutigam war Feuerwehrmann. Löschfahrzeuge warteten am Portal und empfingen das Paar mit Sirengeheul.

Im Klosterladen bediente uns der bekannte freundliche Priester mit den roten Wangen. Er segnete unsere Einkäufe, den Weihrauch und die Opferkerzen: Ein Augenblick der Andacht, ein kurzes Gebet mit Lippe und Hand. – „So la", sagte er dann und wickelte alles in Seidenpapier und eine Plastiktüte, „nun kann nichts mehr passieren."

Um der Kälte zu entfliehen, warteten wir bis zur Abfahrt des Zuges im Einkaufscenter. Auf dem Zürichsee sahen wir ein weißes Schiff, das am Ufer anlegte.

Wir bestiegen es hastig, als wären wir auf der Flucht. Wir glitten auf das bleierne Wasser hinaus. Es fuhr nur zum anderen Ufer und brachte uns bald zurück. Eine ältere Frau und ihr Sohn blieben auf dem Schiff, beide mit ihrem Laptop, immer hin und zurück fahrend, der Gegenwart immer einen Schritt voraus.

Später erschien am grauen Winterhimmel plötzlich die Sonne, riesig rund und rot und gülden, wie im alten Lied und ging unvermittelt unter über dem vereisten Fluss.

Es ist Sonntag. Heute wärst du vielleicht gekommen. In den Nächten hinge noch dein Lachen im Gebälk, und Tisch und Stuhl und Kacheln bedeckte eine feine Mehlspur, als hätte ein Vögelchen geweint.

Wir streiten. Wie können wir streiten!

Eine harte Welle steht in der Luft, wir schlagen mit Fäusten in sie. Wir zittern in der weichen Leere.

Spät sind wir aufgestanden, schmerzgebadet. Wir tasten durch Silber.

Klagend wiehert das zurückgelassene Pferd. Das Mädchen Tanja fischt Algen aus dem Brunnen. Nachts friert es noch. Reif klebt an den Scheiten im Korb.

Schneehaufen harren aus auf dem Kiesweg, angetaut, gepresst und wieder gefroren, ziehen sie den Schmutz an aus der Luft. „Fauler Schnee", hat meine Mutter diese Haufen genannt.

„In der Hoffnung", war ich mit dir, Rosanna. So sagte meine Mutter.

Auch Abgründe ragten herauf, schon damals, als wir dich erwarteten.

Unsere Hündin war angeschossen worden. Wir fanden sie in einem Bach, gelähmt und steif vor Kälte. Wir trugen sie ins Haus und rieben sie trocken. Ihr lautloses Leiden erfüllte mich mit Grauen.

Ich war in Sorge um dich, dass dir etwas zustoßen könnte aus diesem Weh. Als unser Freund die Hündin erschoss, empfand ich Erleichterung. Auch leise Schuldgefühle bedrängten mich. Vielleicht hätte sie geheilt werden können.

Bald darauf überraschte ich Andreas mit einem neuen Hund. Bei den Nachbarn hatte ich einen kleinen Schäferhund ausgesucht mit gelbem

Fell. Er war überaus ängstlich und wich den ganzen Tag nicht von meiner Seite. Wenn ich im Garten arbeitete oder Wäsche wusch, hing er an meinen Rockzipfeln, dass ich mich immer vorsehen musste, nicht zu straucheln. Als wir nochmals zu den Nachbarn gingen, um den Hund zu bezahlen, tauschten wir ihn gegen ein anderes Junges aus, das spontan auf meinen Schoß sprang. Dieser Hund begleitete eure Kindheit. Er war stark und gutmütig.

„Llloo", riefst du fröhlich und reichtest ihm deine Leckerbissen vom Kindersessel herunter, und er nahm sie vorsichtig aus deinen feinen Fingerchen.

Einmal, als ich bereits deine Bewegungen spürte, waren wir in G. bei einem Vortrag. Der Redner ging hin und her und drehte ein weißes Taschentuch in den Händen.

Der Tod werde in der Zukunft kein wichtiges Thema mehr sein, erklärte er. Ganz leicht werde dieser Übergang werden. Er erzählte von einem Schneider, der während seiner Arbeit gestorben sei. „Hoppla", habe er gesagt und sei bereits auf der anderen Seite angekommen. Das neue große Lebensthema für die Menschen werde „das Böse" sein, führte der Vortragende mit betörender Stimme weiter aus und drehte sein Taschentuch.

Ich saß auf dem äußersten Stuhl rechts vom Mittelgang und wollte plötzlich aufstehen. Als könnten dich diese Worte erschrecken, hielt ich die Hände vor mich und hörte nicht mehr zu. Ich versuchte, an Streuselkuchen und Rosen zu denken.

Jener Sommer war sehr heiß, und die Wiesen waren gelb und ausgetrocknet. Nur ein dünner Strahl floss noch aus der Brunnenröhre. Als nach Wochen der erste Regen fiel, liefen die Leute aus ihren Häusern, sahen zum Himmel auf und breiteten die Arme aus, um die Tropfen zu spüren.

Nachrichten erreichten uns damals, von einem schweren Unglück in Italien. Aus einer Chemiefabrik war eine Wolke entwichen, die die Menschen krank machte und das Land vergiftete. Langsam wuchs das Ausmaß des Schrecklichen, das mir näher schien, weil ich dein Leben fühlte.

Andreas flocht eine Wiege für dich aus Weidenruten, die er in der Umgebung schnitt und im Brunnen einlegte, um sie biegsam zu machen. Er hatte die Technik aus einem Buch gelernt und flickte auch Körbe für die Bauern auf unserem Hügel, die dieses Handwerk verlernt hatten. Sie schenkten uns Kartoffeln und Schachteln mit gebrauchten Kinderkleidern, weil sie sahen, dass ich schwanger war. Ich hängte blaue Tücher in den Wind.

„Blauer Kattun", sagte ich. Dieses Wort klang nach Verheißung. Es war wie ein Zuruf von dir auf halbem Weg.

Einmal fiel mich auf dem Weg ins Tal ein fremder Hund von hinten an und biss mich ins Bein. Doch alle Fenster waren hell von dir, und die Winter der Welt waren weit.

Ich legte dich in die geflochtene Wiege, die wir an der Decke aufgehängt hatten. Alle waren gekommen: deine Großeltern, Freunde und Nachbarn.

„Was für es schöns Chingeli!", sagte eine unbekannte Frau, die zu uns auf den Hügel gestiegen war. Eine Nachbarin, die sonst zurückhaltend war, brachte uns einen großen duftenden, selbst gebackenen Zopf. „Die Kindbetterin muss eine ‚Züpfe' haben", sagte sie.

Auch feines handgewebtes Linnen aus einer Aussteuer bekamen wir geschenkt. Es liegt noch in einer Truhe auf dem Estrich.

Neben der Freude flatterte auch eine unerklärliche Furcht in mir herum, die sogar auf den Fotos sichtbar ist. Bald kam der Herbst.

Immer noch Februar

Die Wandlung spricht in klaren Zeichen. Der Fluchtfuß ist angewachsen, Rosanna.

Ob es nun bessergehe, nach mehr als einem Jahr, fragen manche. „Ja, besser", sag ich ohne aufzublicken.

Ich erschrak, als wir vom Reisen sprachen. Bilder von Wüsten und Sonnen und weißen Stränden sind mit der Post gekommen. Ich gehe mir selber ins Netz. Ich laufe hin und her. Das Sitzen stellt mir das Blut ab.

März

Mutters Geburtstag.

Als sie geboren wurde, war noch kein Weltkrieg ausgebrochen. Tomaten waren noch nicht bekannt. Und auf dem Land war es für die ärmeren Leute nicht selbstverständlich, Unterwäsche zu tragen. Mutter hat das Bett mit ihrer Schwester geteilt. Das sei schön gewesen, erzählte sie immer, nie mehr habe sie im späteren Leben so wunderbar geschlafen.

Wild und zart und schön war meine Mutter, mit ihrem krausen Haar und der Engelstimme. In der Schule war sie in allen Fächern begabt. Mit fünfzehn war die Schule aus für sie, trotz der Empfehlungen des Lehrers. Ihr Vater war schon vor einigen Jahren gestorben und Großmutter ernährte die kleine Familie mit Kochen und Waschen. Es waren keine Mittel vorhanden, die meiner Mutter eine höhere Schulbildung ermöglicht hätten. Fortan nähte sie in der Fabrik. Bald wurden ihr die anspruchsvolleren Arbeitsgänge anvertraut. Der Lohn blieb klein. Ferien gab es nicht. Dennoch war sie voller Lebensfreude; sie sang im Kirchenchor, spielte im Dorftheater, ging samstags zum Tanz und stickte sonntags im Garten an ihrer Aussteuer. Im Samariterkurs lernte sie deinen Großvater kennen. Er lenkte das Postauto bis in die entlegenen Dörfer.

Später, viel später, traf meine Mutter dieses unendliche Leid – als mein Bruder starb. Ich war noch nicht geboren.

Wenn wir noch einmal zusammen gehen könnten, Mutter, den steilen Weg hinauf zur Kapelle, wenn die Brombeeren reifen im Marienlicht. Wir wären nun im gleichen Alter und im gleichen Leid, und wir hielten einander und weinten schwesterlich.

Der Farn entrollt sich sanft und stetig. Der Tag ließ mir keine Lücken, keine Tropfen Schlaf und Barmherzigkeit. Ich hielt die Luft an, wenn immer möglich.

Ich habe Angst, die grauen Ungeheuer einzuatmen. Sie schlüpfen in den Kopf und pumpen die Gedanken auf. Das Blut drängt aus den Adern. Ich bin so eng in mich geschnürt.

Am Abend ist Tanja gekommen. Sie sah mich an mit ihrem unverstellten Blick. Wir gingen ins Dorf, um braunen Zucker zu kaufen.

„Jede Berührung kann die letzte sein", sagte der Bildhauer in einem Interview. Er starb wenige Tage danach.

Weißt du noch, Rosanna, wie wir an all jenen Sonntagen erwachten, Hand in Hand mit der Gnade. Die Vögel sangen im Kirschbaum, und auf der Ausfallstraße wuchsen Inseln aus Stille.

Unser Tisch war ohne Grenzen rund, und wir wussten nichts vom Trauerstein. Wir sahen das Schiff nicht, das brennend im Fenster stand, und wir aßen in allen Farben vom Brot und von den Früchten.

Ob wir noch dort sind, manchmal, und wissen es nicht?

Jemand hat zu mir von ‚Normalität' gesprochen. Das Leben geht weiter. Ja, es geht weiter ein Stück. Dass der Weg begrenzt ist, tröstet mich.

Wenn wir noch am gleichen Ufer gingen, Rosanna, wie froh wollte ich wandern. Ich erschrecke, weil ich dich vielleicht nicht sähe und du wögest mir zu leicht.

Du verneigst dich aus mir. Ich blicke anders auf die Welt. Die Sinne sind eingefaltet, das Licht trägt die Flügel hinaus aus der Nacht.

Deine Schwester hat ein Singen in den Händen. Dein Vater schreibt jedes Wort in deinem Namen.

Dieser Morgen ist ohne Gewicht. Du spielst auf deiner Geige, Rosanna. Ein Amsellied dringt durch die geschlossenen Fenster.

Der Frühling hat dich nicht vergessen. Er sammelt dir alles in seinem Heckenversteck, alles, was nistet und wächst.

Das Teewasser summt, und ich gehe auf leisen Sohlen.

Rechts vom Kirchturm scheint die Sonne herab auf mein Heft. Die Christrosen krümmen ihre zähen Stängel. Die Angst ist hungrig. Sie hockt hinter den Tulpenrabatten, wenn ich warte am Bahnhof. Nur nicht hinschauen, weiter und weiter bis zum nächsten Gesicht. Jemand blickt mich freundlich an. Ich kaufe Milchkaffee.

Marianne war hier mit ihrer Mutter. Mit Vor- und Nachnamen hat sie sich unserem Vogel vorgestellt. Das bewegte mich.

April

Daniel hat uns nach Mont Sapin gefahren, zur Unfallstelle. Auch diesmal ging ein strenger Wind. Der Himmel war weiß und klar. Wildes Korn umwogte das Holzkreuz.

Die Kirche ‚Rosa Mystica' war geschlossen wie immer. Andreas hat ein Foto gemacht, und wir gingen den steilen Weg zum Friedhof hinauf. Alles wirkte südlich mit Zypressen und Rosmarinblau.

Wir lasen die Namen der Toten und suchten nach Verstorbenen in deinem Alter. Das hat es schon immer gegeben, auch auf ganz alten Steinen.

Wie damals hielten wir in ‚Les Prés d'Eté', bei Daniel und Nadine. Wir waren im Garten in der ersten Wärme. Nadine reichte uns Tee, Kaffee und Kuchen. Der Garten war lila von den kleinen Primeln.

Spätabends kamen wir nach G. Wir gingen alle drei in Selmas Wohnung. Aus Plastikschalen aßen wir warmen Reis, den wir am Bahnhof gekauft hatten.

Ostern

Wir sind in den Süden gefahren, um die Blüten zu sehen am See und die Inseln mit den Eukalyptusbäumen. Wir sind hiergeblieben, unversehens, nur für eine Nacht, aber doch so etwas wie Ferien, zum ersten Mal wieder.

Behutsam nähern wir uns den Erinnerungen.

Hier sind wir auch mit euch Schwestern gewesen, am anderen Ufer des Sees, in der alten Herberge, die von einem verwilderten Park umgeben war. Auch damals war Ostern, und die Magnolien ließen ihre kühlen rosa Schalenhände fallen. Es war noch einmal kalt geworden, und ich hatte euch rote Wollhöschen unter den Sommersachen angezogen: Die Kirchentreppe herunter kommst du gehüpft im braunweißen Rüschenkleidchen. Der Wasserfall kommt vorbei, den du berührt hast. Du warst schon ein Mädchen mit wachem Blick, deine Schwester Selma noch klein und rundlich mit Engellöckchen.

An allen Orten, wo wir uns hinwagen, wieder, stirbst du uns neu.

Ich lehnte die Stirn an die Rinde des Eukalyptus.

„Morgen passen mir die roten Schuhe
Morgen bin ich leicht und hafte nirgends
Morgen bläst mich dein geheimer Atem
Meertief über das zerwühlte Herzland
Morgen spielt der Abend mir vom Blatt
Rotem Sichelblatt des Eukalyptus
Drei vergessene winzige Etüden
Hingetupfte schwarz und elfenbein.“
(Marie Luise Kaschnitz)

Der Baum nahm mich zu sich mit den Tränen und allem.

Ich richtete mich auf und ging zum Wasser. Ich wollte nichts ungeschehen machen.

Rötlich schimmerte die glatte Oberfläche des Sees. Der Himmel war schwer und grau.

Im Fernsehen ist Krieg. Verletzte Menschen werden gezeigt, verletztes Fleisch von toten Menschen, zerrissene Anmut. Das ist dir auch geschehen, Rosanna. Ich weine nicht mehr nur um dich.

Das Ende des Krieges wird seit Tagen verkündet.

Ich ging um die Kirche herum. Braun verblühen die Kamelien, blaue Anemonen öffnen sich. Innen ist die Kirche für Gott ausgemalt, in Blau und Gold.

Irina hat uns geschrieben. Sie hat den Unfall überlebt. „Wie durch ein Wunder", sagen alle. Sie macht das sehr gut: die schwere Aufgabe zu leben mit diesem Bild von euch, Rosanna und Aline.

Einmal hast du zu mir gesagt: „Irina, weißt du, ist eine Gute."

Irina ist an deinem Grab gewesen. Sie hat einen kleinen Buben bekommen. Auf dem Foto blickt sie ernst mit dem Kind im Arm. Sie erzählte von eurer gemeinsamen Zeit: winzige Zwischentöne, die im „normalen" Leben nicht bis ins Bewusstsein dringen. Sie beschreibt jenen unverwechselbaren Geruch, wenn du frisch geduscht ins Zimmer kamst und hattest ein nicht ganz frisches Kleid angezogen.

Das ist es vielleicht, was bleibt von uns: ein Flüstern, ein leises Zögern der Hand, der Abdruck der Lippen auf dem Glas, abgespült wieder und wieder …

Alles von uns fließt ein in die Welt und kehrt wieder von der anderen Seite der Nacht.

Wir sind nochmals in den Süden gefahren.

Die Knaben spielen Fußball auf dem Parkplatz neben der Kirche. Vielleicht ist es eine Nachtigall, die singt wie eine Amsel in der Nacht.

Unten in der Kirche kniet noch immer die Pietà, das graue Antlitz zum Himmel gerichtet, in ihrem Schoß der tote Leib des Sohnes.

Drüben setzt ein Flugzeug zur Landung an. Die Läden haben noch offen. Ich suche nichts zu kaufen; doch, für Selma vielleicht, ein wenig Silber und grüne Perlen.

Wir sind immer wieder in einer neuen Trauerzeit. Der Schlaf ist seidenweich wie Asche.

Kopfschmerzen sind für die Ablenkung willkommen. Ich hebe Rosenblätter auf und lege sie auf die Augen. Andreas möchte sich so gerne freuen.

Wie alle bestellen wir Kuchen, und erschrecken über den Kuchen, den wir bestellt haben.

Ich träumte von dir: *Auf dem Felsenhügel machtest du Akrobatik. Ich sah die Knöchelchen durch deine Haut. Bahngeleise verliefen in der Wiese. Darauf fuhr lautlos euer ‚Döschwo‘, verbeult vom Unfall. Ich ging dir entgegen und legte dir ein Kind in die Arme. Ich wollte dir etwas sagen, wurde aber weggedrängt. Ein Tor stand auf der Wiese. Die Wiese brach ein von dem schweren Tor. Es roch nach Pferden.*

Ich erwachte und wusste dich hier.

Die Sumpfmangroven heben ihre Wurzeln hoch. Sie sind fremd hier.

Ich wähle zwischen nichts und nichts. Wir sind im freien Fall stecken geblieben.

Ich pflücke das Schwarze vom Mohn. Ich möchte mich irgendwem zurückgeben. Jemand muss doch zuständig sein für die Verlorenen.

Tanzfüße blühen in der Herzkapsel, ein weißes Staccato.

Am Waldrand sind die Harfen erwacht, und unsere dritte Prinzessin, die jüngste, die sanfte Ungeborene, steigt aus dem Brunnen und singt an deiner Seite.

Das Stirnholz pocht.

Geburtstag

Selma hat mir Geschenke geschickt, eine Halskette aus grünen Steinen.

Wie damals stehen diese Stunden im Jahr und jener Garten mit den weißen Tischen, die Kirchenglocken läuten und die Akeleienblüten entfalten sich.

Wir streiten ein wenig. Das große Entsetzen wird von den kleinen Emotionen ferngehalten. Nachmittagslicht glänzt herein und verweilt. Ich habe Chopin aufgelegt, Sonate Nr. 3, Musik wie Sternenwasser. In den Forsythienschatten auf der getäfelten Wand erkennt sich ein Leuchten. Auch Wind ist im Gespräch.

Ein Heulen plötzlich, die Sirenen werden getestet.

Jedes Wesen hat seine eigene Stille: das Wasser, die Birke, die Akelei.

Kopfüber tanzen wir im Treibsand; erblindetes Hoffen. Das Lächeln erinnert sich.

Die Schnecken fressen sich durch den Garten. Die Schüler kommen vom Zug und schreien und lachen auf dem Steg. Ein Knabe weint. Er wird gehänselt.

Andreas kommt. Kaum wagt er, mir die Rose zu geben. Wir essen im kalten Garten.

Man hat das obere Bachbett leer gepumpt für die Bauarbeiten. Diese Leere ist traurig mit trockenen Steinen, wie erstarrte Seufzer. In dieser Leere wartest du auf mich, Rosanna. Dort blüht es fast unsichtbar blau.

Andreas ist an einer Tagung. Zögernd erwärmt sich der Maienwind.

Die Wellensittiche sind krank geworden. Nun ist Sulai gestorben, eine Handvoll goldener Federn. Das Leben ist ausgezogen aus der Körpergrenze und hat diese fast gewichtlose Hülle zurückgelassen. Ich weine. Im Weinen ist es warm. Ich stehe auf und arbeite.

Der Sonntag wird eingeläutet. Kirchgänger bleiben stehen auf dem Steg und geben Kommentare ab, über den Bach, über das Wetter, über uns.

Hoch über dem Dorf gleiten die Schwalben, ihre Bäuche sind von unten angeleuchtet.

Selma ist gekommen. Auf dem Sofa sitzt sie, wie neben dir, und näht für ihren Kindergarten. Aus einer weißen Schafwollwolke lässt sie ein Pferd herauswachsen.

Ich koche ein buntes Gemüse. Alles würze ich mit deiner Minze.

Ich hebe in der Wiese eine kleine Grube aus und pflanze die Märzenglöckchen, die mir Tante Claire geschenkt hat.

Unser Haus ist im Fließen verankert.

Ich suche zu sprechen mit dir. Ich gehe unter den Bäumen, die mir ihr Ohr leihen. Sie hören in dich.

Fast offen fließt unser Blut unter der feinen Haut, die aus Atem gewebt ist. An dieser Grenze sind wir sehend.

Deutschland

Wir sind in unserem Zimmer auf der Höhe der Baumkronen und Flugsamen. Ihre Schatten bewegen sich auf der Wand mit dem Wind. Wenn wir das Fenster öffnen, stürzt der Feierabend herein mit Hupen und Kreischen. Der Straßenlärm zerschlägt die Vogelstimmen. Selbst der Fluss ist nicht zu hören, obwohl er nur wenige Schritte entfernt ist. Das Amt für Hochwasser ist geschlossen.

Im Industriegebiet hat man einen defekten Kamin für die Störche stehen lassen.

Am Südhang über der Stadt blühen seit heute die Rosen.

Mit hohem Fieber habe ich auf einer Parkbank geschlafen, bis der Zug ging.

Ganz ruhig schlief ich, Rosanna, als wäre ich dein Kind.

Juni

In deinem Pfeilkraut nisten Amseln. Ihr Piepen begleitet unsere Mahlzeiten. Sie sind sehr scheu. Wir essen leiser als sonst. Es ist ein Mückenjahr. In der Feuchte sind sie tausendfach geschlüpft und summen hungrig um uns herum.

Dieses Jahr habe ich die Storchenschnäbel stehen lassen. Waldgeruch geht von ihnen aus, und um die kleinen Blüten summen die Bienen.

Die Mauersegler schlafen im Flug, und die Sandsteinmauern sind dunkelgrau und feucht.

Dein Lächeln liegt wie abgebrochen neben mir, in der blauen Tiefe verglüht das Wort.

Mitternacht

Andreas liegt wach und atmet schwer, er ist erwacht vom Asthma. Heugras und Holunder blühen an der Böschung. Nachts ist die Luft süß vom Blütenstaub.

Mein Denken vergisst mich. Ich liege zwischen den Stunden.

Im Dorf wird eine Hochzeit gefeiert. Hochzeiten, Geburten und Begräbnisse werden in den Chroniken eingetragen, gleichwertig. Heute werden die Daten virtuell festgehalten.

Unerbittlich wächst der Tod im Spiegel.

Auf dem Friedhof neben dem Brunnen steht ein Holzkreuz. Ich lese deinen Namen. Ich gieße die Pflanzen. Ich werde vertraut mit dem Sterben.

Die Morgenkühle weicht früh. Schon um sieben ist es heiss. Nur in deiner Minze, Rosanna, sitzt ein Eiszwerg.

Gestern beim Frühstück hat Andreas geweint. Seine Tränen fielen auf den Teller. Manchmal verliere er dein Bild, sagte er, wenn er an deinem Grab stehe am Morgen. Er müsse sich so sehr anstrengen, dich zu sehen, innen.

Ich berührte ihn an der Schulter, ich weinte nicht in diesem Augenblick. Jeder von uns weint in einer anderen Zeit.

„Tränen sind ein Geschenk für die Verstorbenen", hat meine Ärztin gesagt. „Gnade", denke ich und sehe eine junge Frau. Sie trinkt aus dem Brunnen. Sie hält inne, blickt auf und lacht.

Im Alltag sprechen die Leute nicht mehr von dir, Rosanna. Und wenn wir es tun, ist manchmal etwas Angestrengtes darin. Es berührt die Menschen wie ein leiser Vorwurf, und wir verstummen.

Auf dem Schuttplatz, wo früher der alte Gasthof stand, überwachsen Königskerzen, Birken und Engelstrompeten die orangefarbenen Plastikplanen.

Im Blutkreislauf ist das Fließen vom Bach. Ich verpflanze den Mohn und ertränke die Schnecken.

Brache

Juni

Die Landschulwoche ist vorüber. Nichts ist verbraucht von den alten Liedern. Alle Kinder der Welt können gewiegt und getröstet werden aus diesem singenden Meer.

Immer trag ich deine Fotos mit mir herum. Ich zeige sie nur noch selten. Es gibt kaum noch Gelegenheit, von dir zu sprechen zu den anderen. Manche Leute sind verlegen, und ich schäme mich fast.

Andreas hat mich am Bahnhof erwartet. Wir fuhren zum Friedhof. Schmetterlinge drängten sich heran. Wir schwankten in der Hitze und gingen bald zurück. Wir spürten Asche im Mund und überall. Die Entfernung wuchs plötzlich zwischen uns. Unser ganzes Leben schien aufgerissen, und wir klammerten uns an die Wundränder.

Wir gingen einfach, weiter und weiter, vom Mittag bis zum Abend. Im Gehen wurden wir erwartet. Jemand hat uns einander in die Arme gelegt.

Das Amselnest ist plötzlich leer und stumm. Unbemerkt sind die Jungen ausgeflogen.

Die Oleanderblüten gehen auf, schwarzrot zuerst, wie Blutstropfen. Auf dem Steg schwebt ein hellgraues Federchen von der Taube, die täglich am Brunnen trinkt.

Kaum etwas ist noch frisch in dieser Hitze. Nur die Kiesel unter dem Fliederbaum kühlen die Fußsohlen. Dort sitze ich jeden Abend und schaue den Nachtviolen beim Aufblühen zu.

Die Namen der Dinge lügen nicht; Erdrauch, Augentrost, Schiefer, Teer.

Wir haben nie darüber gesprochen, Rosanna, wie jeder von uns seiner selbst gewahr geworden ist, in jenem fernen Augenblick der Kindheit:

Ich war fünf Jahre alt, als meine Mutter einige Tage ins Spital musste. Meine neun Jahre ältere Cousine Tina besorgte in dieser Zeit den Haushalt und schaute zu mir. Es war das erste Mal, dass eine so große Veränderung in mein Leben trat; meine Mutter war fort und Tina war mir noch nicht vertraut. Heute bin ich erstaunt, mit welcher Selbstverständlichkeit sie ihre Aufgabe als junge Hausfrau erfüllte.

Ich saß auf einem Holzrost über der Badewanne. Obwohl eine Matte darüber gebreitet war spürte ich die Sprossen an meiner Haut. Tina bereitete Wasser und Seife vor, um mich zu waschen. Vorsorglich legte sie ein großes gelbes Frotteetuch über den Badewannenrand. Links oben über der Toilette stand ein kleines Fenster offen, und ich hörte den Lärm einer Baummaschine. Ich freute mich auf das weiche Tuch, in das ich bald gehüllt würde.

Die nasse Seife weiß ich noch, und wie alles plötzlich außerhalb war: dieser Geruch vom nassen Bürstenholz und die Sonne auf den Kacheln und die weißen Fliesen mit ihrer Kälte und ich, ich ganz allein, ich vollkommen eingehüllt in diesem ganz anderen.

Und später, als ich vielleicht zwölf Jahre alt war, ging ich über einen belebten Platz in der Stadt: „Das kann doch nicht sein, dass ich so jung bin", fiel mir plötzlich ein, „gerade eben war ich doch an jenem Ort, den ich vergessen habe."

Wir haben nie darüber gesprochen.

Da hätten wir zusammen älter werden müssen. Und jetzt ist es ja nicht zu spät.

Als kleines Kind lebte ich in meinen Geschichten.

Ich schmeckte die warme Alpenmilch mitten in der Stadt – und ich band mir Einlegesohlen mit Schnur an die Füße. Heilandsandalen lieh ich mir vom Jesuskind in meiner Kinderbibel.

Bei meiner Erstkommunion war dieses Land bereits verblasst. Jetzt aber blüht es sehr nahe in diesem Sehnen und Weinen.

Sonnenwende

Heimweh überkommt mich; eine Kinderzeichnung von dir ist aus der Mappe gefallen: Darauf ist ein grüner Hügel gemalt mit Schlangenwegen, ein kleines Haus mit rotem Dach. Weißer Wolkenrauch steigt aus dem Kamin, daneben Sommerkinder im Reigen, eine gelbe Glockenblume, die zwei Blätter hat wie ein Mensch, und der Baum, Rosanna, der Baum, der sehend ist und singt, wenn ich festwachse in der Trauer.

Die Nacht ist hell von den gelben Violen, und die Luft ist schwer von ihrer Süße. Wir hören das Rollen der Steine im Bach.

Im Traum habe ich um dich geweint: *Ich lag in einem Boot. Ein Lie-bespaar stand aufrecht darin. Geflüster und Tränen fielen auf mich.*

Schon in der Frühe ist alles trocken, kein Tropfen Tau am Blatt. Das Glühen dauert durch die Nacht.

Der Körper ist wie die Pflanze, die wächst und verblüht und ernährt die Nacht mit Verwandlung.

Der Himmel fällt durch alles und wandert im Wasser der Erde.

Juli

Ich schlafe mit lauter Stimme. Die Wunde bleibt offen im Wind. Ob wir wollen oder nicht, wir werden geheilt. Niemand kann dem Engel aus-weichen und dem Seidenglanz der Knospen.

Ich habe zu viel schweres Salz gesammelt. Falterflügel rascheln am Brunnenrand. Die Röhre ist ausgetrocknet. Die Hitze liegt auf allem, während die Kirchenglocken Stunde um Stunde in den Flimmerhim-mel malen. Ein sanftes Wort kann uns aus der Form heben wie ein Scherenschnitt, ein Gedicht auch oder Akkordeonklänge.

Die südlichen Strände sind ins Mittelland herauf gerückt. Im Pendler-zug knöpfen die EDV–Spezialisten ihre Hemden auf und sprechen vom Wein.

Auf der Schuttdeponie neben dem Friedhof blüht Stechapfel. Martin hat ihn entdeckt mit seinem Botanikerauge. Diese Pflanze hat in unse-rer Gegend nur wenige Standorte. Für die Indianer ist sie eine starke Zauberpflanze. Auf einem Foto ist eine uralte Indianerin zu sehen im Gespräch mit den weißen spiralig wachsenden Kelchen, ein Ritual ge-gen die Mächte der Dunkelheit. In Mooswil wird der Pflanze mit Ze-ment und Chemikalien Einhalt geboten.

Unvermittelt sind im Dorf die jungen Störche aufgetaucht. Die Leute treten mit Feldstechern aus ihren Häusern und schauen, wie sie sich an allen hohen Orten versammeln: auf dem Kirchturm, wie Jahrhun-derte zuvor, aber auch auf dem Sendeturm, der Sirenenanlage, auf ho-hen Tannen und alten Fabrikkaminen.

Wie könntest du dich freuen, Rosanna, über diese schwarzweißen Mär-chenvögel, die mit lauten Flügelrauschen über den Dächern kreisen, bevor sie sich auf ihren Aussichtspunkten niederlassen und erstaunt auf uns herunterblicken.

Du freust dich.

Im Traum war ich gestorben gestern Nacht. Ich wollte mich ins Leben zurückrufen, aber keiner hörte mich. Ich wälzte mich im Schnee. In dieser Berührung vermochte ich mir eine Haut anzuformen.

Der scharfe Pferdegeruch kommt herüber. Ob es regnen wird?

Hoher Sommer, flirrend in der regungslosen Luft. Der Brunnentrog hat kaum noch etwas Brackwasser und die Vögel haben Durst. Der volle verlässliche Strahl ist versiegt, wie damals, als ich schwanger mit dir in der Kresse kniete und aufblickte in das ungestüme Sausen der Mückenwolken und Schwalben.

Vor dem Gasthaus glühen die Motorräder in der Mittagshitze.

Der Sommer hält den Atem an und steht zitternd in der verwundbaren Luft. Auf den Seen erschlaffen die Segel.

Vollkommen ausgeatmet ruhen deine Glieder um dich, Rosanna. Das Eichenblatt ist unverwelkt und grün mit der Sehnsucht verwachsen. Donnerblumen kommen aus dem Himmelstief, verebben und erlöschen.

Ich wasche die Fliesen und bringe die Ungeheuer zum Weinen.

Ich habe bereits gelbe Nylonnetzchen gekauft mit braunen Zwiebeln. Darin warten die elfenbeinfarbenen Wildtulpen auf den nächsten Frühling.

Wir halten zusammen, wir vier, und wer noch im Verborgenen zu uns gehört.

Selma liegt im dunklen Zimmer. Dieses überweiße Sommerlicht schmerzt sie im Kopf.

Ich gehe barfuß in den Garten.

Ich tauche bis zur Mitte in den Bach. Die Kälte ist gut. Die Kälte ist ein silbernes Messer.

Mit der Seilwinde ziehen wir das Holz herauf bis unters Dach. Jede Welle ist eigen, geformt von Wind und Wetter und Schweiß, zu ihrer Gestalt gebunden. Sie wird uns wärmen in den kalten Nächten.

Ich bin mir selber auf den Fersen. Ich laufe seitwärts mit dem Rücken zur Wand.

Vor deinem Tod waren alle Rettungshelikopter einem fremden Unglück zugewandt.

Doch einmal trat ich aus dem Kreis, und über den Berg kam ein brennendes Schiff.

Steinbrech blüht an der Halde.

Nun ist auch Ajos krank geworden. Es hat dir wehgetan, Rosanna, dass wir einen gefangenen Vogel halten. Wenn du mit ihm sprachst, verneigtest du dich.

Das Leben hat kein Gewicht. Der Körper fällt aus dem Leben heraus.

Die Minze riecht schon streng nach Herbst.

Liebes Wasser, liebe Erde, euer nie vergessen werde, liebe, liebe Sonne.

Ein Gewitter irrt in der Nacht herum.

Wir wandern zu den Kapellen, gesegnetes Wasser ist in kleinen PET–flaschen bereitgestellt. Wir legen eine Spende in die Schale. Wir zünden Lichter an.

Geblendet treten wir ins Freie.

Ein Buchenhain wird neu gepflanzt nach den Stürmen der letzten Jahre. Die Keimlinge brauchen ganz bestimmte Bedingungen. Wir machen halt beim alten Gasthof und löffeln die Stunden in diesem blauen Sonntagswetter. Wir haben einen guten Schluckreflex.

Der Rangierlockführer hat sein Leben den Schmetterlingen gewidmet.

Als mir das Fruchtwasser brach, Rosanna, vor der Geburt deiner Schwester, glitt wie heute Sommerduft herein vom weiten Feld. Überallhin floss dieses Lebenswasser. Ich war gerade daran, dich zu waschen. Auf dem Küchentisch hast du gesessen neben den Butterbroten. Ein Festtagskleidchen legte ich dir an für Selmas Ankunft. Hell hast du gelacht in diesen Abend hinein, und ich weinte vor lauter Gegenwart und süßen Träumen.

Weißt du, wie die vielen, vielen Sternlein stehen an dem Himmelszelt, und wo dieser innerste Keim ist vom Frühlicht?

Das Streichholz zischt mich an.

Ich bereite die Brache; zichorienblaue Schrift, Kuckuckslichtnelken, rötlich gefranst in der vernarbten Leere.

Selma ist fünfundzwanzig geworden gestern. Du bist auch zum Fest gekommen, Rosanna. Die Tische waren im Hof gedeckt, und Selmas Freunde brachten leise Wörter mit; Kirschen auch und Kerzenlicht und Mandelkuchen. Die Nacht war mild und weiß von den Blüten und verhaltener Freude. Andreas und Selma sangen im Hof. Da und dort ging lautlos ein Fenster auf, und drinnen hörte jemand mit.

Manchmal wächst mir plötzlich eine Insel an. Die Füße reichen bis ins Herz und der Atem umarmt mich von innen.

Und dann wieder fallen mir die Tassen und Münzen aus der Hand. Gegen meinen Willen spricht der Mund; er tut, als ob er lache und singe. Die Hand schüttelt Hände. Ein fetter Körper schleppt die Seele herum. Er ist es, der mich fesselt an die Kochtöpfe und rührt und rührt. Täglich stellt er mich auf neue Startplätze und füttert die Gier.

Ich hocke mich ins hohe Kraut. Der Abendzug pfeift an der Kreuzung. Vom Zaun winkt ein gelbes Blümchen.

Wir testen Tarnanzüge; Sonnenbrillen sind nützlich und auch diese kleine seitliche Bewegung mit der Schulter, der Blick in die Kaffeetasse.

Es ist möglich, immer leicht vorbeizuschauen und niemandem zu begegnen.

Auf dem Dampfschiff fürchteten wir, Leute von vorher zu treffen, die es vielleicht noch nicht wissen, oder sie wissen es und wagen nichts zu sagen.

Fuorcla dossa

Hinter diesen Bergen bist du aufgewachsen, Rosanna. Hier im vertrauten Duft von Moos und Thymian ist das Land unserer ganz persönlichen Glücklichkeit.

Abends wird die Grenze zu Italien geschlossen. Der Verkehr verstummt, und man geht gefahrlos durch die Dörfer. Tagsüber hastet man von Türnische zu Türnische. Die hölzernen Tore sind kunstvoll geschnitzt und mit schweren geschmiedeten Fallen und Griffen versehen. Eine blaue Gottesmutter ist auf das alte Haus gemalt. Durch ihr verblasstes Gewand kann man hinter die Mauer sehen.

Ich habe neue Röcke mitgenommen und gehe wie verkleidet.

Mooswil

Wind und spärlicher Regen künden den Herbst an. Die größte Sonnenblume ist über die Hecke hinausgewachsen und blickt jeden an, der über den Steg kommt. Aus dem welkenden Setzling ist eine Königin geworden. Die Blüten des Knöterichs sind über und über mit Bienen bedeckt.

Aus dem Kraut blitzte ein gelbes Mal, ein Feuersalamander verschwand in der Minze. Ein Sperber flog erschrocken auf, als ich die Gartentür öffnete.

„Hast du mich gern?", fragte das Mädchen Tanja.

Ohne Scheu spricht sie immer wieder diese Frage aus, und „Kennst du mich noch?" Kennen wir uns?

In mein Tagebuch ist ein gelbes Birkenblatt gefallen.

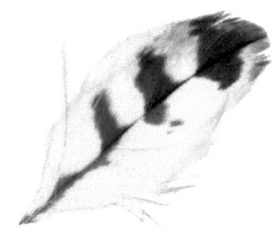

Drittes Jahr

Wüstensommer

August

Zwei Jahre, Rosanna. Vor zwei Jahren gingst du noch im warmen Sand, barfuß im weißen Sommerkleid. Zypressenschatten umfingen dich und der fiebrige Mistral. Deine Augen waren entzündet. Man sieht es auf dem letzten Foto. Du blickst zurück, Minuten vor dem Unfall. In deinem Rucksack fanden wir Augentropfen und die Telefonnummer einer Apotheke.

War ein Weinen mit euch damals, ein leises Wort, und, wie fragend vielleicht, jene Akkordeonklänge aus dem Film ‚Amélie‘, als ihr getroffen wurdet, tödlich?

Dieser Ort ist ewig aus dem Feierabend ausgeschnitten. Das Lied irrt verlassen unter dem Himmel, der taub ist. Auf Scherben, auf Scherben aus Luft, malen wir eure Namen, Rosanna und Aline.

Wir sind auf der Rückreise von Mont Sapin; Andreas, Selma, Martin und ich.

An der Unfallstelle war alles verdorrt nach diesem Wüstensommer.

Es roch nach Verwesung. Ein toter Habicht lag halb vergraben im Weißdorngestrüpp. Martin entfernte ihn mit einem Stock. Wir legten Rosen ins dürre Gras. Mit den Kerzen mussten wir vorsichtig sein in diesem Jahr. „Klingeldürr ist alles“, hätte meine Mutter gesagt.

Es war Abend und noch hell. Wir stiegen zur Anhöhe hinauf, wo Martin den Wagen geparkt hatte. Er hatte Tee zubereitet auf dem Campingkocher. Wir setzten uns an die Böschung und aßen Brot und Käse. Ab und zu verstummte die Straße. Die Wolken türmten Himmelstore auf, aus denen das letzte Sonnenlicht hervorbrach. Alles leuchtete in herzzerreißender Schönheit: das Kreuz, die Steineichen und die vier Kühltürme des Atomkraftwerks. Auch der See und die ausgedienten Schiffe, die am Ufer rosten, nahmen dieses Fließen und Strahlen auf.

Die Nacht brach herein, und ich ging hinauf zum Steinbruch. Das Vogelzwitschern brach jäh ab, meine Schritte waren gehört worden. Ich blieb stehen und sah die Vögel auffliegen aus Nischen und Spalten der senkrechten Steinblöcke. Ich horchte. Die Dunkelheit war unsichtbar, während ich stand. Aufrecht lag ich in der Luft.

Später pflückte ich zwei lila Skabiosen und ein Weidenröschen aus dieser Sommernacht heraus. Wir zündeten die Kerzen vor dem Holzkreuz nochmals an.

Vor siebenundzwanzig Jahren, in dieser Stunde, bist du zu uns gekommen, Rosanna.

Nur leise hast du geweint. Wir streichelten deine Haut, die bläulich schimmerte. „Ist es gesund?", fragte ich die Hebamme. „Es ist alles dran", antwortete sie.

Wir waren die ersten Eltern der Welt.

Unermesslich weit reichte dein leiser Atem. Du würdest wandern stark und froh über die Grenzen unseres Lebens hinaus.

Und nun bist du vor uns gegangen, über die schwarze Eishaut. „Ins Licht", sagen alle. „Ja", sage ich, „ja", und schweige und knie.

Vorgestern in Mooswil leuchtete in deiner Sterbestunde ein doppelter Regenbogen über dem Dorf. Als wir in der Nacht am Feuer saßen und zu dritt zum Himmel schauten, verglomm eine Sternschnuppe.

Wir schliefen im Motel zwischen der Autobahn und der Schnellstraße, auf der ihr gestorben seid, Rosanna und Aline. Selma reagierte mit Verzweiflung auf die blank polierte Klinikatmosphäre des billigen Hotels. Alles ist knapp, sauber und zweckmäßig in diesen Gängen und Zimmern, als gelte es, Kaninchen zu versorgen während der Mast; genügend Luft und Licht und Nahrung ist vorhanden, nichts ist zu beanstanden, und von den vielen Gästen, die hier täglich übernachten, bleibt auf den glatten Türen keine Spur.

Wir schliefen trotz allem ein wenig. In der Morgendämmerung sahen wir aus dem hinteren Fenster Scharen hellbrauner Hasen, die sich auf dem verödeten Feld tummelten zwischen Disteln und Abfall und Dornengestrüpp.

Auf der Autobahnraststätte haben wir Ball gespielt.

Leise hast du mitgespielt.

September

Andreas hat angerufen vom Friedhof. Die Kerze ist aus gewesen, vom Wind oder vom Rasensprenger. David hat eine Zeichnung auf dein Grab gelegt.

Wir wanderten über die Hügel. Wir sahen den Herbst. Mit einer großen Maschine fuhr ein Landwirt ins hoch bewachsene Feld. Seine Frau half ihm. Mit Getöse ernteten sie den Mais, der für die Kühe automatisch gehäckselt wird. Freundlich erwiderten die beiden unseren Gruß.

Ich bin erkältet von der zugigen Fahrt nach Frankreich. Der Schnupfen ist mir ein angenehmes Versteck.

Vor zwei Jahren lagst du noch immer in diesem entsetzlichen „pompes funèbres"–Lokal im Mont Sapin, in jenem Sterbegeschäft mit den Glasvitrinen, den blanken Kacheln, den Marmorgefäßen und den Kunstblumen. Alles dort ist vollkommen sauber, kein Stäubchen und keine einzige Ritze für das lebendige Licht.

Dass ich nicht bitter bin, und dass mir zu lieben nicht verwehrt ist ... Danke, Rosanna.

Nur noch vereinzelt blühen in der Dämmerung die Nachtviolen auf.

Vor zwei Jahren war deine Abschiedsfeier. Immer noch ist dieses Singen in der Luft.

Ich strauchle, die Füße wollen nicht in die Schritte passen.

Die Füße braucht es kaum. Ich gehe.

Freunde schreiben uns.

Lucia ist hier gewesen. Sie steht aufrecht in diesem ungeheuren Riss, der durch ihr Leben geht. Sie ist stark und ohne Härte. Wir hielten einander und weinten. Ihre schmalen Schultern rührten mich. Sie hätte eine Blume sein können.

In der Frühe seid ihr durch meinen Traum gegangen, Selma und du, Hand in Hand über die Höhen am Moorsee; tanzend, singend, im Hier und im Dort.

Meist gehen wir noch ein wenig durchs Dorf an den Abenden, vorbei am Friedhof, über das freie Feld. Gestern kamen wir zu einem weißen erleuchteten Festzelt. Helle, klare Stimmen klangen heraus. Ein Jodlerfest war im Gange mit Gesangsgruppen aus dem ganzen Land.

„Das dunkle Fest des Lebens", ging es mir durch den Sinn. Gerhard Meier hat ein solches Zelt beschrieben, das im Dorf auf der Matte des Eierhändlers stand.

Wir traten ein und blieben bis Mitternacht.

Manchmal ertappe ich mich beim Verhandeln. Kindlich biete ich mein Leben an für dich, was bestimmt zu wenig ist: meine alten Füße, die Hände, das Augenlicht. Mein Kopf denkt ausgefallene Therapien aus, um dich zu heilen; Schlafmohn und Wasser aus geheimer Quelle, ein Zauberwort …

Nein. Diesen Gott gibt es nicht, der sich bestechen lässt.

Doch irgendwo in diesem Wald der scharfen Klingen hat sich ein Engel eingefunden. In jede meiner Wüsten stelle ich ein Licht.

Der Verputz bröckelt von der Kapellenmauer. Auf der rauen Fläche schläft ein Federgeistchen.

September, Jura

Der See ist klein mit sprechenden Felsen.

Das Abendschiff hat ein Federmuster auf das Wasser gelegt. Am Ufer fliegen die Reiher auf und ziehen ihre staksigen Beine an. Unser Boot treibt in diesem großen Kreis mit den Milanen und Feuerzeichen.

Ich poche an die Luft. Im Regen schwimmen goldene Türme, Himmelsleitern hinauf gebetet aus den Wunden. In den Flüssen schläft ein großer Klang.

Ein weißes Kind wächst in mich zurück, ein Keimling in der Herzwüste.

Bald, Rosanna, bald bin ich reisefertig. Mit diesen leeren Händen will ich nicht ankommen. Aus Honig und Minze koch ich ein Süßes für dich, Traumspeise aus dem Sehnsuchtsfeuer.

Wieder ist in meinem Traum ein Kind zerbrochen.

„Dass ich nicht tot umgefallen bin, bei dieser Nachricht", habe ich immer wieder gesagt.

Der Herbst ist herb und klar.

Das kann nicht sein, dass wir aus dem Nichts erwachen, Irrlichter hintreibend durch die vollkommene Schöpfung, und wieder zurücksinken ins Nichts.

Ich erinnere mich an meine früheste Kindheit: Meine Füße mit den neuen roten Sandalen hingen von der Holzbank. „Das ist nicht gerecht", dachte ich, „dass ich verschont werde und andere nicht." Wovor, das weiß ich nicht mehr.

In meiner Schulzeit stand ich einmal auf der Plattform der Straßenbahn und wartete, bis der Fahrer klingelte mit dem Fuß. Dieses vertraute Klingeln schreckte mich plötzlich auf und ich sah sekundenlang aus der Welt hinaus. Es war ein bewegtes Bild, das ich sogleich verstand und wieder vergaß. Nur die Farben sind mir geblieben. Ich habe keine Worte dafür.

Damals war ich mir sicher. Die Zweifel erwachten später. Bei meiner Erstkommunion war der Himmel bereits durchlöchert. Am Abend fuhren meine Eltern mit mir nach Marienfels; da kam nochmals ein Wort durch die Ritze, auf dem Weg zur Grotte. Heute ist das Geheimnis dort mit Beton zugemauert.

Mooswil

Vorgestern ist Tante Anna gestorben, an Veronikas Jahrestag. Sie ist zweiundneunzig Jahre alt geworden. Zuletzt war ihre Haut dünn wie Bastblüten. Die leiseste Berührung ließ sie bluten.

Zweimal konnte sie zu uns nach Mooswil kommen. Esther hat sie abgeholt vom Altersheim. Das letzte Mal erschien alles zu schwer in ihren Händen; selbst der Löffel und die Luft. Sie horchte ins Rauschen der Merla, wir hörten mit.

Vor wenigen Wochen habe ich sie besucht. Sie sprach mich überraschend klar und freudig an und nannte meinen Namen. Das Altersheimwieschen duftete herein. Wir waren ruhig und froh, als hätten wir bereits Abschied genommen vom Gewohnten und reisten schwerelos in der Mitte der Wörter. Ob euch beiden eine Insel vergönnt ist, Rosanna, dir und Tante Anna, ein Fließen zueinander im Blau des Sirius? Silberspangen halten dein Lied.

Selma und ich sind nach Eschenbach gewandert, über die Fichtenmühle. Von diesem Ort hat Tante Anna zuletzt gesprochen. Vom Schießstand her knallte es ununterbrochen, und wir mussten einen Umweg machen. Dieses bisschen „Geschieße" hätte Tante Anna nicht aus der Ruhe gebracht. Auf der Hueb, wo sie und Vater aufgewachsen sind, vergruben wir einige Blumenzwiebeln, Wildtulpen und kleine Narzissen. Niemand hat neu gebaut auf dieser schönen freien Anhöhe.

Gras wächst und ein magerer Ahorn, als behaupte das uralte Dach noch immer unsichtbar seinen Platz.

Ich bin näher heran gerückt an die Wirklichkeit und verlerne das Hadern und Urteilen.

„Ich sah die Welt mit liebevollen Blicken", schrieb Käthe Kollwitz.

Ihr Leute in den gelben Wanderjacken, die ihr euch freut auf den heißen Kaffee in der warmen Gaststube. Gnadenlos mag das Leben mit euch umgehen. Am Ende findet euch der Stern.

Unendlich anders muss es sein, Rosanna, wo dieses Ende den Anfang umarmt, unendlich anders, oder vielleicht unendlich gleich.

Eine Nuss treibt im Wasser.

Oktober

In die Berge sind wir gefahren, Rosanna. Wir stiegen im Nebel auf, Selma, Andreas und ich. Zuweilen schob sich uns festes Land unter die Füße. Wolken sanken bis ins Tal. Am Steilhang sahen wir ein spätes verdichtetes Blühen wie fernes Herdengeläut. Hagebutten und Berberitzen zeichneten reichlich Rot am Weg. Ein Regenbogen erschien im blassen Blau, weit übers Tal und winterlich behaucht. In allen Farben überwog das Weiß.

Wir haben eine winzig kleine Mäusekugel gefunden. Sie war schon so gut wie tot, obwohl sie sich noch regte in der Hand.

Die Stunden verbluten in der zersägten Leere. Noch immer tanzen die Mücken.

Ich will ganz Frage werden. Ich stand an deinem Grab. Ein Specht begann zu pochen, das ist es vielleicht: pochen, pochen, unermüdlich pochen.

Es ist der dritte Herbst, Rosanna. Der Schmerz ist manchmal eine plötzliche Härte, über die wir stolpern und uns aufrichten, und halb hingefallen weiterlaufen in alle Richtungen. Im Süden werden Wasserschalen aufgestellt, im Süden blüht der Mond.

Ich war mit meinem Patenkind im Zoo. Nun dürfen die Kinder nicht mehr auf den Elefanten reiten. Alles ist tiergerechter und mit Tonbildschauen versehen.

Die Gehege sind größer, aber dennoch eng im Vergleich mit der Wildnis.

Wie ernsthaft Lena der Welt begegnet! Das Persönliche ist sichtbarer als später, das Freuen noch unverstellt. Ausgelassen hüpfte sie im Herbstlaub und ließ sich in die Haufen fallen.

Später gelingt uns das kaum noch, einfach zu hüpfen und die Welt zu umarmen. Als ich Lena zusah, sah ich mich selber im Duft der Lindenblüten, und sah dich zusammen mit deiner Schwester in der Schlüsselblumenwiese und sah alle Menschen der Welt als Kinder, hüpfend und springend, etwas wie eine große Welle, ein sich selbst erfüllendes Hoffen.

Ob manche Kinder die Seele sehen, einen goldenen Nebel, der aus der Herzgegend hervorschwebt?

Endlich ist etwas Regen gefallen, aber der Brunnenstrahl ist immer noch versiegt nach der langen Trockenheit.

Gestern gingen wir in einer großen Sonntagsmüdigkeit über die Höhen im Napfgebiet. Im dürren Brombeergestrüpp loderte ein Feuer, und der Mann, der es wohl entfacht hatte, entfernte sich mit langen Schritten über die fahlgelben Weiden.

„Er muss von Sinnen sein", sagte ich und glaubte ein Lachen zu hören. Wir löschten das Feuer mit Tee und schweren Steinen und suchten später nach dem Mann. Wir begegneten niemandem.

Der Herbst ist erloschen, die Gartenblumen haben keinen Glanz mehr. Ein Frosch hüpfte in die Nacht und hat ein Rascheln mitgenommen.

Rosanna, liebe Rosanna, sage ich laut.

Das Licht hat keinen Ort und wandert doch. Bereits es hat geschneit. Das Wasser im Holzfass gefriert in der Nacht. Von den fleißigen Lieschen sind nur noch glasige Stängelhaufen übriggeblieben, „gekocht vom Frost", hätte meine Mutter gesagt. Ich hänge Wäsche auf. Diese Hosen, Hemden und Socken kommen mir plötzlich sehr altertümlich vor. Ich stelle mir vor, wie Menschen künftiger Generationen umgeben von einer Klimawolke herumgehen, die sie mit einer kleinen Handbewegung regulieren. Die Kleider werden nur noch Schmuck sein, eine Art sprechendes Körpergemälde.

Ob dieser Vorstellung muss ich lächeln. Ich hole einen Arm voll Holz und blase den Schnee von den Scheiten. Aus der Brunnenröhre rinnt wieder ein feiner Strahl.

Wir werden nach A. fahren an die Gedenkfeier für Julius.

Das Kristallherz der Erde pocht, Raureif umhüllt die Zweige. Als ich heute nach Hause kam, lag deine Birke auf der Erde. Der nasse Schnee hatte sie niedergedrückt. Ich habe sie sorgfältig geschüttelt und aufgerichtet. Es war nichts gebrochen.

Im Traum saßen wir einander gegenüber an einem kleinen Tisch, Rosanna. Unsere Knie berührten sich. Um uns herum wurde gesprochen. Das wärmte uns. Zwischen uns war ein anderes Wort und Tee und Schweigen. Du wollest „eine" rauchen, sagtest du und gingst kurz hinaus. Das rührte mich, dieses irdische kleine Glück, das du dir nahmst mit einem schalkhaften Lächeln.

Wir waren an Julius' Abschiedsfeier. Fast wären wir zu spät gekommen. Wir hatten uns am Hügel verlaufen. Sascha erwartete uns im Treppenhaus.

Stefan las den Brief seines Vaters nochmals vor, den er nach Veronikas Tod aus Afrika geschrieben hatte. Auch du kommst darin vor, Rosanna.

Wie aufrecht Lucia stand, etwas kam wie aus der Wand und lieh ihr Kraft. Sie las einen Brief, den Julius' Pate nach dessen Geburt geschrieben hatte. Er schrieb an dieses neugeborene Kind, als spreche er zu einem erwachsenen Menschen über Leben und Schicksal.

Julius' Leben war von einem starken bedingungslosen Streben erfüllt.

„Dieser kleine, feingliedrige Mann", sagte Lucia mehrmals mit Zärtlichkeit in der Stimme.

Eishaut

Oktober

Klirrend kalt ist dieser Morgen. Die Thujahecke ist weiß vom Frost.

Wir husten. Du freutest dich immer, wenn es schneite, Rosanna.

Als du in den Winterferien zu uns ins Bergdorf gekommen bist, haben wir an der Seilbahnstation auf dich gewartet. Wir sahen dein gerötetes Gesicht hinter der beschlagenen Scheibe der Kabine. Jünger als sonst sahst du aus; ein Winterblümchen. Es war Februar, und wir wussten nichts vom schrecklichen August.

Du hattest Tulpen mitgebracht und Oliven. Wir aßen in der Sonne vor dem Haus. Ich las das Buch vom Pferdeflüsterer; der erste Satz heißt: *„Am Anfang war der Tod"*. Dieses Buch habe ich dir im Sommer auf deine Reise mitgegeben.

An den Abenden brannte Feuer im Specksteinofen. Du hast gelesen und ich schrieb in mein Tagebuch:

Für Christof:

Im Apfelbaum die Schaukel

      fliegt und schwingt und fliegt

und die Erde, die Welle, der Nachtzug, die Lindenblüten

      ohne Gewicht,

ein Duft von dort,

      vom absoluten Hier,

hergeweht,

      Planetengestöber.

Im Apfelbaum die Schaukel

      schwingt und es regnet

und singt im Regen das Kind, zu dem wir aufwachsen

      leicht

vom Jetzt zum Jetzt und weiter

      bis die Fessel zerspringt

und des Atems Königsmantel wird Wind.

und:

wer

wer geht voraus

über die schwarze Eishaut

wer

wer da

Rufe ins Dunkel gestickt.

Das Sonnenkind „Nacht" wächst über dem Fluss.

Schlafend wandere ich in mir

fließe, tanze,

poch an die Herzwand.

Das Sonnenkind wächst.

Am Morgen stiegen wir mit Schneeschuhen hoch zu den Felsen. Wir hatten heißen Tee mitgenommen und tranken ihn unter einer Felskante im Sturm. Auf den Fotos lachen wir.

Es tut mir leid, Rosanna, für alles, was nicht richtig war von mir, für das „Zu viel" und für das „Zu wenig" und für alles, was ich hätte besser tun können. Manchmal war ich ungeduldig oder streng. Viel zu wenig habe ich hingehört in den Jahren der Pubertät, als du dich unverstanden fühltest und dich von uns entferntest.

Mehr kann ich nicht sagen. Das Kreuz wird mich tragen.

Allerheiligen, Allerheiligenlicht schrieb ich früher, als das tiefste Leid noch den anderen angehörte.

Auch die alten Leute hatten dich gern. Fröhlich und ernsthaft hast du dich mit ihnen unterhalten und ihnen zugehört in deiner Spitexzeit, hast sie gepflegt und liebevoll umsorgt. Einen neunzig Jahre alten blinden Mann hast du beim Langlaufen begleitet.

Ob einige dieser Menschen jetzt bereits an deiner Seite gehen, auf jener anderen Spur, wo es kein Alter gibt?

Andreas hackt Kleinholz und macht Feuer.

Selma ist glücklich bei ihrer neuen Arbeit in der Kindertagesstätte. Ihre Stimme hat eine neue Kraft. Eure Stimmen, Rosanna, sind sich sehr ähnlich. Am Telefon kann ich sie kaum auseinanderhalten.

Die letzten Blumen sind schwarz geworden. In einem Gartenbeet entdeckte ich zwei Safranblüten.

November

Ich lege das Ohr an die Glocke. Im Herd wispert das Feuer, es knackt und schweigt und glüht. Erst jetzt, nachdem der erste Schnee schon wieder geschmolzen ist, werden die Blätter golden an deiner jungen Birke. Beim Einschlafen gestern, wollte ich plötzlich einen Brief aufsetzen für Andreas und Selma; falls ich plötzlich sterbe, was ja immer sein kann: Das Blut hält inne, das Herz verstummt und der Atem, wo denn ich …

Mein Wort kommt in Nachtfalterfarben, verbrennt im Schrei des Morgens.

Spätabends bin ich nochmals in die Küche hinuntergestiegen, weil ich mein Buch vergessen hatte. Tränen stiegen mir in die Augen; der Duft der erloschenen Kerzen, Wärme, Essensgeruch, Gebäck und Orangen. „Weihnachten", sagte ich, „Weihnachten", und sah die liebsten Geschenke auf euren Kissen neben euren schlafenden Kindergesichtern. Wie viel Süßes ist in mein Leben gekommen; so nah, so fern.

Ich singe leise, ein Kinderlied. Ich wiege dich auf meinen Knien, Rosanna, Ich lasse dich fallen, nur ein kleines Stück, und du jauchzest vor Vergnügen, weil du dich gehalten weißt alle Zeit.

Dass ich dich nicht halten konnte, dass ich am Fenster saß im Wetterleuchten, während jenes Fallen in dich schlug. Minuten vor dem Unfall blicktest du zurück. Wir haben ein Foto.

„Hat sie Schmerz gefühlt?", fragte ich. „Nein", sagten alle, „es ist zu schnell gegangen."

„Ist es gesund?", fragte ich nach deiner Geburt.

Wer weiß, wie wir die Zeit erleben im Augenblick des Todes, schnell oder langsam gilt nicht mehr. Wohl am ehesten sind wir den Liebenden gleich. Blitze zucken aufwärts und alle Fragen erlöschen.

Andreas hat angerufen vom Friedhof. Hell sei es auf deinem Grab, mit farbigen Blumen und Steinen. Andreas hat ein Weinen in der Stimme.

„Wir sind im Leid", hat Tante Anna gesagt. Das erklärt alles.

Immer im Leid sind wir, wenn wir essen und sprechen und arbeiten. Ohne das Leid tun wir nichts. Ohne das Leid wären wir bitter.

Bevor es hell wurde, bin ich zum Bach gegangen und habe Holz geholt vom hohen Stapel an der Böschung. Das Fließen erlöste mich. Ich schaute zum Himmel, Orion stand im Südwesten. Es raunte aus der unteren Kammer, ein Bienentraum.

Wenn mich die Leute grüßen, ist mir manchmal, als lächelten sie dir zu an meiner Seite.

Mein „Vogel-Ich" flattert am Fenster.

Nur weil wir immer sterbend sind, können wir leuchten.

Ich habe das Buch einer Mutter gelesen, deren Tochter mit vierzehn Jahren bei einem Verkehrsunfall ihr Leben verloren hat. Das Buch ist sehr schlicht, fast nüchtern geschrieben.

Die Frau beschreibt darin Gedanken eines Schriftstellers, die für mich neu sind.

Dieser unterscheidet den Schmerz, den wir beim Verlust junger Menschen empfinden vom Schmerz, den der Abschied eines älteren Menschen hervorruft, der sein Leben in einer gewissen Weise vollendet hat. Die Empfindung, die wir beim Tod junger Menschen haben, nennt er „Mitgefühlschmerz". Es ist der Schmerz, den auch der junge Sterbende empfindet: der Schmerz um die verlorene Zukunft im sinnlichen Dasein; etwas, was erst werden wollte, wurde jäh abgebrochen.

Der Autor sagt, dass wir Zurückgebliebenen das Weh der jungen Verstorbenen lindern, wenn wir diesen Schmerz durchleben. Diese Gedanken sind befreiend für mich. Die Schuldgefühle darf ich fallen lassen. Ich singe und weine und arbeite. Ich sehe diesen Weg. Die Trauer um dich, Rosanna, muss sich nicht in eine diffuse psychische Krankheit verwandeln. Ich darf einfach sagen: „Dies ist der Schmerz für mein Kind."

Heute bin ich in W. über den Wolfgottsacker gegangen. Ich habe zwei Gräber gesucht: das Familiengrab, in dem Tante Anna bestattet ist und das Grab von meiner Grossmutter; alle Leute im Dorf haben sie Mama genannt. Die Statue meines Bruders Matthias, der mit sechs Jahren starb, ist auch dort.

An diesem frühen Novembermorgen war alles weiß vom Raureif, und ich irrte durch die Reihen mit den alten Grabmälern, uralte Engelstatuen und aufrechte Jünglinge aus Stein. Alle haben ihren Blick in die Ferne gerichtet. Als ich die Gräber nicht fand, wandte ich mich direkt an die Toten. Da sah ich die verwitterte Steinfigur meines Bruders. Sie stellt einen kleinen Knaben dar, der auf dem Bauch liegt und ganz ins Zeichnen vertieft ist. Meine Mutter hat mir erzählt, dass mein Bruder viele Stunden in dieser Haltung gemalt hat. Ich musste weinen, als ich niederkniete und das raue Steinköpfchen streichelte. Ich war geblendet von so viel Nähe. Ich weinte über alles Lieblose, was je ich tat oder zuließ.

Andreas und Selma, ich möchte euch sagen, dass es mir leid tut.

Ich sammle die Blätter von deiner Birke. Ein rotbrauner Baumläufer huscht durch den Garten. Wieder ist mir abhandengekommen, was ich für Wirklichkeit hielt. An dieser Stelle ist leeres Geschrei, ich tappe herum ohne oben und unten.

Reis koche ich, Kartoffeln und Käsekuchen.

Das Leben krümmt sich ein. Das Herz schlägt wild um sich. Ich lege mich unter den Tisch.

Martinstag

Welch froher Tag in deiner Kinderzeit, Rosanna. Immer war es schon kalt, und in manchen Jahren waren die Berge schon tief verschneit. Im Kindergarten bereiteten wir einen Laternenumzug vor. Am Morgen saßen wir Mütter um einen großen Tisch und höhlten die harten Runkelrüben aus, die herb nach ihrem Acker rochen. Ihr Kinder hüpftet ausgelassen um uns herum, wolltet hier und dort ein wenig helfen und suchtet die scharfen Rübenschnipsel zu kosten. Aber vor allem erteiltet ihr uns Anweisungen, was für Bilder wir auf eure Rüben zu schnitzen hatten: Tannen, Sonnen, Zwerge, ja sogar Martin mit Pferd und Mantel und den frierenden Bettler. Am Abend erzählten wir die Geschichte vom heiligen Martin. Wir tranken Tee und aßen Honigkuchen, und dann gingen wir hinaus in die kalte Herbstnacht. Die Laternchen leuchteten und schwankten wie an einem unsichtbaren Faden aufgereiht. Man sah den Atemhauch und die goldenen Bilder. Wir sangen die Lieder vom heiligen Martin …

Du hattest die Wollmütze von deiner Gotte Elisabeth auf, die sie aus handgesponnener Wolle für dich gestrickt hatte in allen Erdfarben, in warmen Braun- und Gold- und Grüntönen wie die Farbe deiner Augen.

Ich trinke Tee. Bilder kommen und gehen, und die Klänge der alten Lieder.

Als du achtzehn warst, bist du zu einer Aufnahmeprüfung gegangen. Du wolltest Krankenschwester werden.

Ich hörte dich nach Hause kommen. Du hattest ein Weinen in der Stimme, obwohl du fröhlich grüßtest. „Ich glaube, ich habe etwas Falsches gesagt", bemerktest du leichthin.

„Warum?", fragte ich.

„Sie wollten wissen, was meine wichtigste Lebensfrage sei."

„Und?", fragte ich.

„Ich sagte, meine wichtigste Lebensfrage sei: Wer bin ich?" – „Das haben sie, glaube ich, sehr komisch gefunden. Sie haben gelacht."

Du machtest dir ein Mayonnaisebrot. Die Aufnahmeprüfung hast du nicht bestanden.

Jetzt ist es an uns zu fragen: Wer bist du, Rosanna? Du und wir alle, wer sind wir hier innerhalb dieser Grenzen und jenseits der Wörter?

Und warum fragen wir? Warum fragen wir überhaupt? Warum sind wir nicht einfach blau und blühen?

Selma hat dir ein Räbeliechtli geschnitzt. Das leuchtet jetzt auf deinem Grab.

Als ihr getauft wurdet, sagte die Pfarrerin, ihr Schwestern würdet später im Leben eng zusammenarbeiten.

Zwei Rettungshelikopter donnern übers Dach. Tieraugen leih ich mir, das grausame Himmelsweiß zu tragen. Ich kreise und kreise und fühle ein anderes, das sich über mich beugt. Käme doch ein Vogel und pickte mir ins Herz und ich könnte sanft verbluten! Und wir schliefen zusammen, Rosanna, im hellen Fruchtfleisch der Mandel.

In einer Zeitschrift habe ich über die Trauer gelesen, übers Verdrängen und übers Verarbeiten. Mir wurde ganz kalt beim Lesen.

Als ich an deinem Grab stand gestern, hat mir ein Beamter des Friedhofs sein Leid erzählt. Er weinte. Die Reglemente und Vorschriften waren von ihm abgefallen. In der Nähe pickte eine Amsel rote Beeren aus einem frischen Kranz.

Bald wird der Frost seine Sprengkraft entfalten.

Ich trinke Kaffee. Ich stehe neben dem Fenster im Schlafzimmer und trinke den starken Kaffee aus der kleinen Espressomaschine, die ich Andreas zum 50. Geburtstag geschenkt habe. Häufig hast du sie benützt, Rosanna. Wenn das Olivenöl auf dem Tisch stand und die kleine Espressomaschine, wusste ich, du bist hier gewesen.

„Es hat wieder zugemacht", sagen die Leute im Dorf ob diesem Himmel, der von hartem Grau ist.

„Die Hochnebeldecke erstreckt sich über das ganze Mittelland", sagt die junge Wetterfrau im Fernsehen, die diese Mitteilungen in atemberaubendem Tempo herunterleiern muss mit einem Neonlächeln, das ihr angefroren ist bei Regen und bei Sonnenschein.

Oft möchte ich in diesem blauen Zimmer bleiben, wo wir schlafen und zusammen weinen. Ich bliebe hier und rührte mich nicht, und das Zimmer löste sich heraus aus den anderen und trüge mich fort ... Die Bäume atmen umgekehrt.

Heute wartet Andreas bereits unten in der Küche. Er bringt die Scheite zum Knacken und macht Frühstück. Wir essen an einer Ecke des großen Tisches. Die übrige Fläche ist meist belegt mit Zeitschriften und vergessenem Kram.

Nach all den Jahren ist Andreas immer noch bei mir. Denkend, schaffend, weinend, lässt er mich teilhaben an seinen Ideen, seiner Musik, seiner Wärme und seinem Vertrauen in das Geheimnis.

Wenn ich vor Entscheidungen stehe, frage ich dich, Rosanna. Du bist meine strengste Richterin. Als du zu uns gekommen bist in deinem letzten Winter, ins stille Dorf in den Bergen, hast du im ungeheizten Zimmer meditiert. Ich sah dich am Fenster sitzen. Ich wollte eine Decke um deine Schultern legen, wagte es aber nicht, dich zu stören.

Später waren wir mit Schneeschuhen unterwegs. Es stürmte und schneite und wir waren übermütig wie kleine Kinder.

Am Abend haben wir den gelben Curryreis aufgewärmt und den alten Specksteinofen mit dicken Scheiten gefüttert, und dann hat eine klare Nacht begonnen. Wir sind hinaus gegangen in die Sternenhelle, und dein Vater hat uns die Namen gesagt von den Sternbildern. Zu dritt waren wir, wie ganz zu Anfang, als deine Schwester noch nicht geboren war.

Im kleinen Gasthaus sind wir eingekehrt, um diesen Abend zu feiern. Wir erwogen, etwas Wein zu trinken, von jenem südlichen Wein, der auf der Schiefertafel angepriesen wurde; und haben es dann doch gelassen. – Hätten wir doch getrunken zusammen, ein kleines Glas vom süßen Wein.

Selma hat eine CD aufgenommen mit brasilianischen Liedern. Wie Streicheln klingt ihre Stimme. Etwas darin weint deine Nähe herbei. „Rosanna wäre stolz auf mich", sagte Selma leise.

Vor der Pizzeria ist eine Ambulanz parkiert. Ein weißhaariger Mann liegt auf der Bahre. Für viele andere beginnt das Wochenende. Unter der Brücke ist wieder Jahrmarkt mit Buden, Schwindel erregenden Bahnen und ohrenbetäubendem Singsang. Ein kalter Wind ließ in der Nacht die Pfützen gefrieren. Der Brunnen ist wieder verstummt. Plötzlich fällt Sonnenlicht durch das Geäst der Birke vor der Mühle, die nicht mehr mahlt und kein Mühlrad mehr hat seit vielen Jahren.

Wie das Pferd möchte ich mein Maul ins Wasser tauchen und trinken und trinken.

„Wenn das Pferd zu sehr lahmt, muss man es abtun", sagte mein Vater, als wir seinen Freunden bei der Ernte halfen auf dem Bauernhof oberhalb Marienfels.

Der Zweifel lauert wieder und wird genährt von wissenschaftlichen Berichten in Hochglanzzeitschriften, als ob diese nicht auch „Glauben" voraussetzten an all die Modelle von Atomen und physikalischen Kräften.

Ich lege die Stirn an den kühlen Spiegel. Der Spiegel ist nicht nur Spiegel. Er ist ein Fenster, in dem wir die andere Wirklichkeit sehen, mehr oder weniger, je nach Standpunkt, ein Ausschnitt jedenfalls des Ewigen.

Eines Tages werden die Namen herüberregnen; die Funkenschrift springt über, und der ans Blut gefesselte Herzschlag fliegt frei.

Dieses „ganz Andere", wie Silja Walter sagt, muss alles hervorgebracht haben, oder wie meine Mutter sagte: „Von nichts kommt nichts."

Von diesem „ganz Anderen" wird wohl alles herkommen: Schneewolken, bengalische Tiger, tausend Hasen auf der Flucht, Geier und Gazellen, die löwenzahngelbe Wiese und wir, wir tastend und tanzend, trunken vom Klang der Offenbarung.

„Dann springe ich herum und bin frei vom Wünschen", sagte das krebskranke Kind vor seinem Tod.

Im Traum wiegte ich ein nacktes, verletztes Kind. Ein Händchen war bläulich verbogen. Stetig sterben wir, stetig wachsen wir. Die Schwalbe fliegt ins Glas, taumelt und fällt.

Dezember

Ich war in der Stadt. Ich ging durch die Straßen. Zwei Bettler standen an der Brücke, aus der Norm gerutscht in ihren normalen Kleidern und mit gewaschenem Gesicht. Ihr Betteln war kaum zu glauben.

Auf dem Emailschild in einer Nebengasse waren die Worte „Brot und Salz" in altmodischer Schrift aufgemalt. Da sah ich dich, Rosanna, vor der Türe unseres Hauses in Mooswil: Kreisförmig um dich war alles am Lächeln. Brot und Salz reichtest du uns. „Brot und Salz", sagtest du, „damit das Haus gesegnet sei."

Wie könnten wir dieses Haus je verlassen?

Schneeschwerer Himmel hängt über dem Dorf. Die Asthmatiker spüren die Last. Andreas' Zug kommt verspätet. Der Kreis treibt mich im Kreis herum. Kein Pfeil will mich treffen. Ich breite die Arme aus. Eine Wand aus Leere umarmt mich. Endlos fallen die Würfel; und hinter dem harten Lid sehe ich das rötliche Moos im Bergwald, wie es Sterne ausbildet und feine Trichter und wie die lila Pilze Strahlen aussenden in der Dunkelheit. Dort erwartet mich das Wort.

Ich falle und falle wie ein Tropfen, der nicht aus der Form kann, gefangen in einer Haut aus fremden Kräften.

Das weiße Pferd, Rosanna, schnaubt uns zärtlich an.

Ob ich das noch lernen werde, wie du, auf den Händen zu gehen die restlichen Tage?

Fuorcla dossa

Weihnachten, zum dritten Mal vorüber ohne dich.

Die Erde ist braun und hat kaum Schnee. Auf den Feldern grast ein Esel und brüllt wie im Märchen. Du stemmst dich mit uns gegen die Ungeheuer, sonst wären wir längst zerfetzt. Die Trommel, die Trommel, die Trommel ist eine Lampe.

Wir essen täglich im Speisesaal. Wir essen die Ferientageteller leer. In der Klosterkirche hörte ich Schweigen, dunkelblau und rot. Drei alte

Nonnen knieten vor dem Altar, nur mit großer Mühe konnten sie wieder aufstehen. Die jüngeren Nonnen aus den Philippinen sind über Weihnachten nach Hause geflogen.

Wir haben Schlitten gemietet und sind ins Tal gesaust, als wäre nichts geschehen. Am Himmel erschien zweimal ein Regenbogen aus Eiskristallen, ein Sonnenhund, sagen die Lappen. Im Etui der Kamera hat Andreas eine Diskette gefunden mit „neuen" Fotos von dir. Es ist, als begegneten wir dir nochmals: Du stehst vor dem großen Fenster am Cityring, lächelnd, die Hand leicht erhoben, als wollest du uns etwas zurufen. Wir freuen uns. Wir winken zurück. Wir weinen nicht.

Ich umarme deine Schwester. Möge sie behütet sein.

Losgelöst tanzt meine Hand auf der rauen Außenseite des Gottesgeflechts.

In der vollen Sonne keimt die Dämmerung.

Im Traum lebte ich in einer großen Gemeinschaft.

Ich verstand mich als Leiterin. Das Haus lag in der Nähe einer Böschung, wo der Wald begann. Freunde waren versammelt, Tina, Herr Maibach und einige Kinder von meiner Klasse. In der Nacht wurde ich gerufen, alle seien versammelt in der Waldhütte.

„Sicher haben sie den Schlüssel nicht", dachte ich. Ich nahm den schweren Schlüssel von der Wand und stieg aufwärts über Wurzeln. Eine große Gruppe von bekannten und unbekannten Leuten war versammelt. Sie blickten erwartungsvoll. Niemand fragte nach dem Schlüssel. Unter einem Felsvorsprung leuchteten vereinzelt Kerzen, auch Märchenfiguren und Blumen waren aufgestellt. Auf einem Bettchen lag ein blasses Kind.

Ich müsse die Geschichte zu Ende erzählen, verlangten alle, die Geschichte von Schneeweißchen und Rosenrot. Mir fiel nichts ein, nur dass jemand erlöst werden wollte. Ein Mädchen drehte an einem Radioapparat die Musik leiser. Ich wollte niemanden enttäuschen. Ich sah auf das blasse Elfenkind im Moos. Ich sprach ziemlich lange. An den Inhalt kann ich mich nicht erinnern. Zum Schluss forderte ich alle auf, das weiße Lachen Schneeweißchens nachzuahmen, danach das rote Lachen von Rosenrot. Ich erwachte lachend.

Silvester

Vor drei Jahren sind wir um diese Zeit nach Assisi gefahren. Im Hain vor der Stadt war noch etwas zu ahnen vom heiligen Franz. Im Winter wird wohl auch heute ein Wolf in der Nähe sein. Es waren unruhige Ferien damals. Die Sorge trieb uns in die Telefonkabinen. Selma hielt sich irgendwo in Brasilien auf. Wenn sie nicht irgendwann anrief, würden wir sie nie mehr finden.

Der Bettler vor der Kirche hörte uns Schweizerdeutsch sprechen. Er sprach uns an und erzählte, dass er von G. komme; irgendwann sei er abgesprungen und habe sich hier niedergelassen vor dem Portal. Die Unterhaltung war angestrengt. Sein Schweizerdeutsch war verformt von italienischen Endungen und vom Alkohol, und sein Gedächtnis war durchlöchert. Stückweise kam beim Kaffee seine Würde zurück und verließ ihn wieder. Die Erinnerungen rüttelten an seinem Selbstbild. Als Lebenskünstler hatte er sich bezeichnet zu Beginn. Nach und nach ging er sich selber verloren. Die Demütigungen, die er erlitt, hatten nichts mit Demut zu tun. Wir gaben ihm die Hand. Als wir am nächsten Tag an ihm vorbeigingen, schien er uns nicht mehr zu erkennen.

Wir kauften für dich und Marc einheimische Spezialitäten: Pesto und Pilzpaste, würzige Saucen in Gläschen und Tüten.

Nach drei Wochen rief Selma an. Wir konnten aufatmen.

Du hast deine Schwester später zurechtgewiesen, weil sie sich so lange nicht gemeldet hat. Wenige Monate später, Rosanna, bist du abgereist nach Frankreich. Von unterwegs hattest du angerufen. Es war noch keine Woche her, als wir im Morgenkreis mit den Kindern das Datum nannten. Ich sagte zu meinem Praktikanten, der dich von früher kannte: „Heute hat Rosanna Geburtstag, heute wird sie wohl nach Hause kommen." Zu dieser Zeit warst du bereits gestorben.

Selma ruft jetzt regelmäßig an. Wenn sie das Handy abstellt, gibt sie uns Bescheid. Nur zögernd lassen wir einander wieder frei.

Die Zweifel kommen aus dem Verstand. Der Verstand ist nicht klar und hell, sondern ein kaltes gestricheltes Land, aus dem wir nur mit dem Licht der Gnade nach Hause finden.

Andreas gab mir den Bericht eines Schamanen der Inuit. Ich stimme mich ganz ein auf den Trommelgesang.

In jeder Berührung erfahren wir die Grenze. Duft ist die feinste sinnliche Berührung.

Manchmal bin ich mit dem Fels verwoben eisenhart.

Nach langer Zeit sah ich dich wieder im Traum: *Ich schaute aus einem großen Fenster. Draußen tanztest du im Kreis mit anderen jungen Leuten. Selma war dir gegenüber. Lächelnd wandtest du mir dein Gesicht zu. Ein Fest musste vorbereitet werden oder ein Theater. Als das Fest begann, entfernte ich mich und ging ohne Hast durch eine fremde Straße. Es roch nach der Wäsche, die auf den Balkonen flatterte.*

In der Nacht hat es geschneit. Auf der Hecke erschienen die Wellen der Jahreszeiten. So habe ich als kleines Kind den Jahreslauf vor mir gesehen: den Sommer oben, absteigend den Herbst, unten den Winter und aufsteigend den Frühling.

Eine Amsel fliegt über der Strömung.

Für den Fall, Rosanna, dass die Vogelspur im Schnee zu entziffern ist, schreibe ich dieses eingefaltete Wort für dich:

Die Birke wächst keimwärts wie das Licht,

das niemals erlischt,

nur auswandert durch das Pupillentor.

Januar

Erinnerungen kommen und gehen.

An Chalanda Marz seid ihr Heimkinder zusammen mit den Dorfkindern aus Randa von Haus zu Haus gezogen, ein schüchterner Akt der Annäherung. Das Einläuten des Frühlings wirkte umso stärker, weil das Tal noch tief verschneit war. Das Dröhnen der Schellen ist mir noch im Ohr und die romanischen Lieder, die von den ersten Anzeichen der Wärme erzählen, nach dem langen Winter: von der Sonne, die wieder über den Berg kommt und von den Lawinen, die ins Tal donnern.

Ich sehe dich, Rosanna, im braun und grün gestrickten Mützchen, mit glühenden Wangen und leuchtenden Augen diese Lieder singen. Der Lehrer von Randa sprach nach dem Umzug mit uns. „Wie innig sie dabei ist, eure Tochter", sagte er.

Als du neun Jahre alt wurdest, trugen wir Süßigkeiten und Spiele hinauf zum See für dein Geburtstagsfest. Plötzlich wandtest du dich ab, und ich fragte dich, was sei. „Vielleicht wird es gar nicht mehr so schön wie früher", sagtest du traurig.

Das Kindheitswunderland war am Verblassen.

Dreizehn Monate warst du alt, ein zierliches Mädchen im gelb gestreiften Strickhöschen, als du in der Küche der Ferienwohnung im Tessin gehen lerntest. Den ganzen Tag warst du auf allen Vieren unterwegs über Fliesen und Treppen. Überall im Haus hörte wir dich plaudern mit deiner hellen Stimme. Plötzlich hast du dich aufgerichtet. Ich breitete die Arme aus, und du machtest deine ersten Schritte; leicht und sicher, als hättest du schon lange auf diesen Augenblick gewartet.

Und in deinen Augen: „Freude schöner Götterfunken", der Tanz des Lebens hatte begonnen.

Wenige Monate vor deinem Tod feierten wir Andreas' Geburtstag in der Pizzeria. Noch nie hatte ich dich mit so kurzem Haar gesehen. Auf deinem Kopf wuchsen dichte helle Stoppeln. Du sahst schön aus.

Du hattest Lasagne bestellt, die dir aber nicht schmeckte. Nur eine kleine Ecke hast du gegessen von der fetten Pasta. Wir sprachen über das Alphüttchen in Norditalien, das wir vielleicht kaufen wollten. Du wirktest seltsam nachdenklich: „Vielleicht hätte ich auch bald so viel Geld gespart für so ein Häuschen", sagtest du. Auf dem Heimweg gingen wir Arm in Arm hinter Selma. Du schautest auf ihre Füße: „Sie hat keinen guten Gang", sagtest du besorgt in deiner Rolle als Bewegungstherapeutin, „es liegt an den Schuhen, diese „Spargelschuhe" wirken sich schlecht auf die Haltung aus."

Heute Morgen, als Selma über den Friedhof ging, musste sie ein Feuer löschen. Auf einem fremden Grab war ein Gesteck in Brand geraten, trotz der feuchten Witterung.

Wenn ich nur durchhalte und nicht verzweifle ob dieser Zweifel und dunklen Gesichter!

„Ein Jemand kann nicht ein Niemand werden", sagte ein östlicher Meister in einem Vortrag.

Noch liegt Schnee, und wo er am Schmelzen ist, öffnen sich bereits die gelben Blüten der Winterlinge. Im Gehen und an den Bushaltestellen halte ich die Hand in die Strömung. Nun reden wir selber in der Vergangenheit von dir.

Oft gehe ich auf Zehenspitzen wie ein behindertes Kind. Der Kopf ist so schon schwer genug. Der Brunnen hat wieder Wasser, Rosanna. Ich könnte dich zum Trinken einladen. Das hast du so gerne getan. Du beugtest dich über den Strahl und ich sähe deinen Leberfleck im Nacken und deine Haut mit den Flaumhärchen.

Jetzt kommen die grauen Tauben. Bald ist wieder Frühling mit grellen Krokussen. Die Milane werden wieder kreisen und rufen.

Heute Morgen ergriff mich der bekannte körperliche Schmerz, als ich eine Scheibe Brot abschnitt. Eine Eisenklammer legte sich ums Herz, wie damals wenige Wochen nach deinem Tod. Zunächst blieb ich ruhig stehen, betete und spürte diese Nähe: nur ein Schritt, und ich bin bei dir. „Jetzt kann ich den Brief nicht mehr schreiben für Andreas und Selma", dachte ich. Der Schmerz wurde schwächer und löste sich auf. Ich legte mich aufs Sofa und sah die Birke im Wind und den Himmel und feine Schneeflocken, die durch die kahlen Äste trieben. „Ganz schnell, ganz leicht kann ich hinausgehen aus dieser Welt", dachte ich. Ich schlief ohne Traum. Dann stand ich auf, um Fisch und Reis zu kochen.

Häufiger kommst du wieder im Traum, Rosanna. Heute Nacht sind wir uns ganz natürlich begegnet: *Du tratest heraus aus einem Kreis junger Leute und wandtest dich mir zu. Plötzlich fiel mir ein, dass ich mir diesen Traum merken müsse, weil du gestorben warst. Es widerstrebte mir aber, weil wir so frei zusammen waren, dass ich mir gar nichts anderes vorstellen konnte. Wir traten auf den Cityringbalkon, wo ein Vogel im Käfig hüpfte. Das gefiel dir nicht. Ich brachte es nicht über mich, den Vogel frei zu lassen.*

„Er kann nicht überleben in unserem Klima", sagte ich entschuldigend.

Eva und Sebastian traten zu uns, und wir gingen alle auf den Friedhof. Wir standen zusammen mit dir um dein Grab. In den Ästen der Kastanien flatterten die Krähen und machten ein Gezeter.

„Das ist ein Zeichen für Regen", sagte ich und erwachte.

Sternenflüstern

Frau Keller hat uns geschrieben. Wieder erzählt sie, wie du ihr erschienen seist nach der Bestattungsfeier in einem goldenen Gewand. Alles Tröstliche heiß ich willkommen.

Frau Keller ist nicht irgendwer.

In Sibirien herrscht klirrende Kälte. Der Atem gefriert den Leuten vor dem Mund.

„Sternenflüstern" werde dieser gefrorene Atem genannt, stand in der Zeitung.

In der harten Luft bist du, Rosanna, und in der weichen Luft, die ja physikalisch keine dieser Eigenschaften hat.

Vielleicht ist es so, dass unser Körper aus dem Herzschlag herausfällt, wenn wir sterben. Vielleicht, dass die Seele da draußen unentwegt atmet und pocht, nur der Körper ist abgefallen, der sie gehalten hatte im Erdenschlaf.

Ob wir immer zuhören, Rosanna, wenn du zu uns sprichst?

Einmal ging ich im Bergwald über weiße Kreise. In der Dämmerung schienen Pilze auf im schwarzen Moos. Ich war verzweifelt und warf den Eulenkrug hinunter in die Schlucht, dass er zerschellte. Wir kletterten hinunter und sammeln die Scherben auf.

Unter einer Föhrenwurzel vergruben wir den schweren Amethyst in der Erde. An dieser Stelle fand ich später ein versteinertes Holz.

Wenn mir die Füße verloren gehen im Meer der Traurigkeit, spüre ich zuweilen deinen leichten Schritt auf meiner Schultertreppe.

In diesem Haus bin ich unendlich weit entfernt von allen Dingen, obwohl nur einige Schritte entfernt auf der Hauptstraße die halbe Welt vorüber rollt: tonnenschwere Lastzüge, Kühlwagen, Tankwagen, Krankenwagen, Motorräder, Feuerwehr und Krankenwagen, ja sogar ab und zu ein Pferdefuhrwerk.

In diesem Haus bin ich wie draußen auf freiem Feld.

Selten kommt jemand vorbei. Auf dem Estrich hängt noch ein Bündel mit kunstvoll gezwirnten Schnüren, mit denen früher die Garben gebunden wurden, „Garbebängeli", hat ein Freund erklärt. Jetzt hausen die Wespen unter dem Dach in ihren raschelnden Nestern. Das Rotkehlchen wohnt wieder im Garten. Ohne Scheu pickt es Körner vom Futterbrett.

Ich sehe in mich; nur eine dünne Haut trennt mich von dir.

Januar, Schweden

Unfassbar nördlich ist es hier, Rosanna, heller und wärmer als ich dachte.

Heute habe ich das Meer gesucht. Mit dem Bus bin ich in die Nähe der Bucht gefahren. Ich war der einzige Fahrgast. „Wo geht es hier zum Meer?", fragte ich an der Endstation den jungen Fahrer. Er machte eine müde Gebärde die Straße entlang, die sich im Wald verlor. Gerne hätte ich etwas Warmes getrunken. Ich sah mich nach einem Café um. In dieser Einsamkeit gab es aber nur einen erleuchteten Blumenladen mit Tulpen und Narzissen und an der Straße aufgereiht mehrere Treibhäuser mit beschlagenen Scheiben. Das Wort „Treibhauseffekt" kreiste mir im Kopf.

Ich begann zu gehen. Ich suchte das Meer. Blaue Wogen stellte ich mir vor, Sand und Felsen und Wasservögel.

Außer dem Wind war es still. Die Wolken zogen zum Anfassen tief am Himmel. Ich ging lange durch den gleichförmigen Wald aus Birken, Föhren und Heidekraut. Durch die lichten Stämme ahnte man eine endlose Weite. Die Schneedecke war brüchig und dünn. Auf einem Schild las ich das Wort „Trollstiegen". Ich ging eine Weile auf diesem schmalen Pfad, wo alle paar Meter ein Holzzwerg aus dem Schnee guckte. Mitten im Wald stand ein erleuchtetes Haus in lebhaften Farben. Es war mit einem Staketenzaun umgeben, und ein weißer Bilderbuchrauch hing über dem Kamin. An Stelle von Vorhängen wucherten tropische Zimmerpflanzen hinter den Fenstern. Zu sehen war niemand. Ich ging eine weitere Stunde und begegnete keinem Menschen. Große schwarze Pferde weideten auf einer Lichtung und kamen neugierig zu mir. Ich sprach mit ihnen und berührte ihre struppigen Mähnen. Als ich an eine glatte weiße Fläche kam, ging mir auf, dass hier das Meer sein müsse. Es war zugefroren.

Auf dem Rückweg begegnete ich einigen Frauen, die knapp und freundlich grüßten. Es ging leicht abwärts und sie bewegten sich mit einer Art Stehschlitten fort, auf dem vorne ein Einkaufskorb befestigt war.

Wieder im Bus kam an diesem frühen Nachmittag schon die stockfinstere Nacht. Wir fuhren durch Dörfer, in denen hell erleuchtete Fenster standen. Der Blick war frei auf die Wohnzimmer mit ihren Sofas und Armsesseln; überall lockte Geborgenheit; Zuckerschneckenduft, Tulpen und Kerzen. An manchen Orten lag ein offenes Buch auf hellem Holz. Die Häuser schienen in einem fort „herein, herein" zu rufen wie in den Märchen von Andersen.

Ein Mädchen stieg zu und beugte sich zum Fahrer. Ich sah ihren schmalen Nacken mit rötlichem gekraustem Haar und wollte aufschrecken zu dir, Rosanna. Doch eine Sekunde später sah ich nur noch das sehr verschiedene: das starke Kinn und die raue Stimme. Junge Leute sausten mit ihren Fahrrädern über die Brücke, nur leicht bekleidet, und ohne zu schlingern auf der dünnen harten Schneeschicht. Ihr Gelächter sprühte durch das dunkle Dorf.

Am nächsten Morgen gingen wir auf dem Fluss zur Stadt. Das war der kürzeste Weg zur Kirche. Unter dem Eis ahnten wir das tiefe Fließen meerwärts. Ein Scooter schnitt sich jaulend den Weg im Wespenzickzack und versank südwärts im Schweigen und Sonntagslicht.

Fuorcla dossa

Bergwinter. Ich laufe im Kreis durch dieses Türkis, Weiß und Sonnenfeuer. Wie früher gehe ich in der Langlaufspur.

Im Traum bin ich durch ein Flugzeug gegangen. Am Boden lag ein Faltblatt, das ich aufhob und öffnete. Vier Passbilder waren darauf von dir, Rosanna, quadratisch angeordnet. Es waren leuchtende Negative, seltsam verfremdet. „Das ist jetzt die Botschaft, die ich erbat vor dem Einschlafen", sagte ich im Traum. Vor Jahren bereits hattest du mir hier einen Brief in den Weg gelegt. Ich las und verstand die Worte vollkommen. „Es sind Gegenwartsworte", sagtest du.

Ich habe sie vergessen.

Noch immer im Traum gingen wir zusammen nach Hause, wo alles fremd war. In einer Reihe waren dicht, aber freistehend, weiße Würfelbungalows aufgestellt. Junge Leute wohnten hier, alle mit Nasenpunks, die im Sonnenlicht glitzerten. Du spieltest irgendwo auf der Wiese. Mein Cousin Klaus kam vorbei und sah mich ernst an. Er war jung, vielleicht in deinem Alter. Ihr hättet gespielt, sagte er, da seiest du gefallen und habest eine Hirnblutung erlitten. „Sie wird sterben", dachte ich. Ich war starr, wie selbst gestorben. Ich sah auf einem Hügel ein Feuer brennen.

„Es ist August", sagte ich, „es ist ein ganz natürliches Feuer." Da kamst du mir entgegen, unversehrt und schön. Die jungen Männer schauten dich an. „Ich habe mich verletzt", sagtest du, und ich sah Angst in deinen Augen. „Du siehst gesund aus", sagte ich beruhigend. Das wollte ich unbedingt glauben. Im Wohnzimmer standen Mutters gelbe Polstersessel. Du nahmst das Velo und wolltest wegfahren. „Ich komme auch mit", erklärte ich hastig. Das kam dir seltsam vor. Ich wollte dich nicht aus den Augen lassen, und du wusstest, warum. Du fuhrst allein weg.

Wasser finden

Der Schmerz kämpft sich frei. Krampfhaft will ich ihn halten. Er schüttelt mich ab.

Ich kehre um und gehe. Ich gehe mit dir über jenes letzte Schneefeld.

„In der Blüte", schrieben wir auf die Erinnerungsanzeige, „in der Blüte musstest du gehen."

„Da sind die Rosen am schönsten", sagte Mutter immer, „wenn sie gerade erst aufblühen wollen."

Ich bin zu allen „normalen" Tätigkeiten zurückgekehrt: Berichte schreiben, Kleider kaufen, Filme schauen, Langlaufen.

Was, wenn mich die Welt zurückreißt von dir?

Nach deinem Sterben aß ich nur wenig und mit großer Mühe. Nun esse und esse ich und laufe wie betäubt herum im fremden Fett. Mit Mühe sehe ich das Rotkehlchen unter der Thujahecke.

Die Luft ist warm und die Erde ist weich vom Regen.

Im Traum arbeiteten wir zusammen. Ich wusste nichts von deinem Tod. In einem Spital bereiteten wir kleine Kinder auf eine Ohrenuntersuchung vor. Wir betteten sie auf Kissen in einen schmalen Turm. „Sie werden in einer neuen Dimension fotografiert", sagtest du. Die Kinder waren vergnügt und krochen von den Kissen herunter. Die Stimmung war liebevoll. Es waren auch Kinder aus meiner Klasse dabei, die sich sonst nicht ohne Hilfe fortbewegen können.

Ich erwachte wie betäubt von dem weiten Weg aus der Nacht. Im Ohr hing noch das Summen, das die Welt zusammenhält. Deutlicher als sonst spürte ich den freien Fall.

Andreas brachte mir heißen Kaffee. Wir haben eine Kerze angezündet.

Manchmal sucht mein Kopf im Gehen nach Vergleichen für unser Entsetzen.

In Büchern wird der Tod eines Kindes mit der Amputation eines Körperteils verglichen.

Für mich kann dieses Bild nicht stimmen. Niemals ist die Liebe zum eigenen Körper vergleichbar mit der Liebe zum eigenen Kind, selbst dann nicht, wenn ich Tänzerin wäre und meine Beine verlöre.

Unvergleichbar ist dieses Band, zum ganz eigenen ganz anderen.

Es ist wie eine Geburt ins Feuer hinein.

Wieder ein Wintersturm. Wie ein Gefährt hören wir Windstoß um Windstoß heranrollen. Ich stehe mit Andreas in der Küche. Wir taumeln einander zu, ohne uns zu fassen. Wie ein blühendes Korn liegt ein Wort auf dem Tisch; deine unsterbliche Seele.

Wir legen uns in seine Mitte. Unsere Welt trägt deinen Namen Tag und Nacht.

Vor einem Monat habe ich mein Haar kurz geschnitten. Wenn ich mit der Hand darüberfahre, kommt mir die Erinnerung, wie ich als letztes dein helles kurzes Haar berührt habe, bevor an der Wand des Aufbahrungszimmers eine Klappe aufging und du hinausgeschoben wurdest, auf Rollen, jeglichem Raum entzogen, endgültig.

Es gibt diese Nichtzeit, alles geschieht rückwärts: das Blut kehrt um und der Atem. Der Schrei drängt die Kehle hinunter. Die Sehschärfe macht sich selbständig.

Ich fand mich wieder im Zittern der Geige. Tanzender Stern.

Ich versuchte eine Frauengestalt zu formen aus Ton. Ich tastete nach deinem Wesen. Es fiel mir unendlich schwer, als reichte die Seele nicht bis in die Hände hinein.

Tanja ist gekommen und wir tranken den Tee ausnahmsweise im Stübchen.

Heute ist sie mit einem Freund der Familie im Nachbardorf gewesen in der Aufbahrungshalle. Sie haben gebetet für eine verstorbene Frau. Tanja erzählte vollkommen angemessen davon.

Wir hörten die brasilianischen Lieder, die Selma auf einer CD singt. Tanja wollte die Lieder fünfmal hören. Wir ließen die Vorhänge offen und das Licht der Kerze wurde immer heller in der Dämmerung. „Es ist Sonntag", sagte Tanja plötzlich. Sie erhob sich und bestand darauf, dass ich sie begleitete bis zum Steg. Wir sind den ganzen Nachmittag über die Felder gegangen. Es ist hellgrauer Februar. Nähe und Ferne verfließen, und ich weiß nicht, wer von uns beiden sich entfernt, Rosanna.

Mir träumte von einem Spiel, an dem du teilnahmst: *Auf der Bühne gingen weißgekleidete Tänzerinnen in einer Reihe. Sie trugen hohe brennende Kerzen. Du gingst ihnen nach, aber deine Kerze brannte nicht. Da erschien auf deinem Gesicht der vertraute Schalk. Du legtest den Zeigefinger an die Lippen und zündetest deine Kerze an einer Reihe Lichter an, die am Bühnenrand standen. Ich sah einen Funken in dein Haar fallen. Eine alte Frau kam aus den hinteren Reihen auf mich zu, mit einem massigen schwarzen Hund. Ich sah ihn nur halb von der Seite, bevor er mich angriff und sich in meinem Nacken festbiss. Ich spürte keinen Schmerz. Die alte Frau stieg in ein Taxi, und Andreas hämmerte vor Empörung von aussen an die Scheibe.* Ich erwachte.

Immer wenn ich von dir träume, scheint mir beim Aufwachen deine Gegenwart so natürlich, dass ich mich anstrengen muss, dass mir die Bilder nicht entgleiten. Ich greife nach den Bruchstücken und schreibe sie auf.

Ich las im Gartenkalender: „Die Haselkätzchen künden den Frühling an", steht da, und ich bin schnell zur Gartenmauer gegangen. Wirklich, der Haselstrauch neben deiner Birke hängt voller lichtgrauer Zotteln. Ich lag auf dem Grund eines Sees aus Müdigkeit. Nun muss alles Wichtige noch getan werden: Vergeben vor allem und um Vergebung bitten.

Ich erinnere mich an jenes unbändige Hoffen, als ich aufwuchs im Spiegel des toten Bruders. Man trug mich von Garten zu Garten und jeder Tag führte aufwärts.

Und ich weiß noch jenen späten Nachmittag mit dem Hagelgewitter, als ich mich freitanzte aus der Schuld.

Die Träume liegen hinter mir im Dunkeln. Ging ich im Kreis, oder stand ich und wurde gedreht durch Tage und Nächte?

Im Erlenbruch ist der Frühling zu hören. Die Knospen raunen. Der Schnee wird bald vorbeikommen als Schmelzwasser.

Überall auf der Welt wird den Verzweifelten Wasser gereicht.

Zuweilen bin ich versucht, die hintere Türe offen zu lassen, falls du plötzlich zurückkämest. Nochmals sind Eisblumen gewachsen in dieser kalten Nacht.

Alles Böse der Welt will mir durch die Haut fahren. Ich wehre mich.

Ich gehe an den Wundrändern entlang und halte Wache. Ich bin nicht mein Schmerz.

Ich bin der Gärtner in dieser Wüste, die nur scheintot ist. Ich werde Wasser finden, Rosanna, für dich, für mich, für uns alle.

Andreas und ich sind über die frisch verschneiten Hügel gewandert.

Wir waren ein wenig fröhlich, wie früher.

„Aus Gottes Hand in Gottes Hand", stand auf einer Todesanzeige.

Als Kind schrieb ich einen Aufsatz über die Reise des Wassertropfens. Nichts versiegt endgültig.

Gestern waren wir in Auwald, Rosanna, im Dorf, wo du in einem weißgetünchten Zimmer des Bezirksspitals geboren bist.

Andreas war von einer Schule eingeladen für ein Podiumsgespräch. Man sprach über die Pisa-Studie. Es war schon Nacht, als wir ankamen. Im dunklen Saal erkannte mich niemand. Ich sah geradeaus auf die Bühne. Ich freute mich und war stolz auf Andreas.

Auf der Heimfahrt hielt ich einen Korb auf den Knien mit Honig, Äpfeln und Gebäck, eine Gabe für die Referenten. Wir waren allein im Zug, und die Schäbigkeit der Waggons lag offen. Im Geruch nach Schweiß, kaltem Rauch und ausgeleerter Cola hing noch etwas Verletzliches von den Passagieren, die heute gereist waren.

Ich war glücklich, allein mit Andreas und dem Korb, der uns Tröstung genug war.

Zum ersten Mal nach deinem Sterben, Rosanna, haben wir uns einen Film angesehen.

Im altmodischen Kino in F. wurde ‚Das weinende Kamel' gezeigt. Es war Sonntag und trotz des Regens waren nur einzelne Leute gekommen, drei ältere Frauen und ein Vater mit seinen halbwüchsigen Töchtern, die sich in einiger Entfernung von ihm hinsetzten. Hier war noch etwas von der Tearoom-Atmosphäre meiner Kindheit, die man am Rand der Provinzstädte findet: eine blank polierte Welt mit aufgereihten Silberbechern, Softeis, Rauch und Lederhockern.

Wir gingen wie früher unter einem großen Schirm und hielten ein Lächeln aufrecht.

Zuweilen, wenn ich über Brücken gehe oder wenn am Bahnsteig der Güterzug vorbeidonnert, ahne ich die Kraft des Fallens: Wenn ich wie du getroffen und zerschleudert würde, und ich entfernte mich auf einen Schlag aus allen Wartesälen, Pausensnacks und Qualitätskontrollen. Ich laufe aber, ich laufe rückwärts wider die Schwerkraft.

Der Wachholder wendet sich mir zu und der Wind, den du so geliebt hast, und meine Schulter sucht die Berührung deiner Hand. Wie damals höre ich Mozarts kleine Nachtmusik, und am steilen Berghang blitzen deine roten Wollstrümpfe im Moos. Manchmal möchte ich im blauen Zimmer warten, bis mich die Welt ausatmet.

Zuweilen

spinn ich mich ein

in mein schillerndes Schlösschen Wahnsinn.

Da lass ich mir hübsche zinnerne Traumäpfel durch die Seele rollen

und gegen die Angst

steck ich mir feine silberne Klingen ins Herz.

Selmas weißer Hase sitzt dick und schwer auf dem Hocker, den du geschnitzt hast.

März

Wieder habe ich in W. die Gräber besucht. Andreas ist mitgekommen auf den Wolfgottsacker, der heute von Einkaufzentren, Parkhäusern und Schnellstraßen umgeben ist. Hier behauptet sich ein kräftiger Friede; die alten Bäume haben sich mit den Grabmälern verbündet, Einklang durchweht die Reihen. Gestärkt gingen wir herum mit Blumen und Grabkerzen. Wir haben die verwitterte Statue meines Bruders fotografiert. Der Knabe liegt auf dem Bauch und malt. Das muss nun schon über sechzig Jahre her sein. Auch an dem Grab meiner Mutter war ich und erzählte ihr wie immer von deinem Sterben, als wüsste sie von nichts.

Auf dem Münsterplatz haben wir uns verabredet, Andreas und ich, unter den klugen und den törichten Jungfrauen. In der gelben Märzenluft wurde die Fasnacht ausgeläutet.

Als die Piccoloklänge hinter uns vorbeizogen, drehte ich mich nicht um. Ich vermisste dich plötzlich unsäglich. Ich weinte, und Andreas umarmte mich sacht von hinten.

Der Bachgarten und die östliche Laube haben wieder Sonne. Der dritte Frühling nach deinem Sterben ist gekommen. Die Kaiserkronen drängen spargeldick aus der Erde. Farne entrollen sich und am dürren Rebengezweig bilden sich pelzige Knospen.

Gleichzeitig gedeihen die Schrecklichkeiten in der Seele. „Sie haben mein Kind zerschlagen", sage ich fast unbeteiligt in das Blühen und Wachsen hinein.

In den Bergen, etwas abseits vom Wanderweg, hat jemand eine Tür aufs freie Feld gestellt. Fest hängen die Angeln im Abendlicht. Dort will ich bleiben lebenslänglich, während ich Kinder wiege und koche und Rosen schneide und Schritt für Schritt mit dir zur Mitte gehe.

Aus wilden Träumen bin ich hochgefahren und habe sofort Kaffee aufgesetzt.

Wie jeden Freitag bin ich auf dem Friedhof gewesen und habe die kleine Landschaft verändert, die dein Grab heißt. Ich habe die Tannenzweige entfernt, wilde Krokusse blühten bereits darunter. Ich grub Ranunkel ein und Zittergras und eine schwarzblaue Akelei. Die Friedhofsgärtner pflanzten Hunderte gelber Stiefmütterchen. Mit großem Tempo gingen sie zu Werk, sodass sich im Nu eine goldene Spur ergoss aus ihren Wägelchen über den ganzen Friedhof. Sie schenkten mir einen Setzling, und ich pflanzte ihn unter dein Bild.

Ab und zu kommt es noch vor, dass mich jemand auf dich anspricht. Lilian fragt mich immer, wie es gehe, wenn ich sie treffe in der Schulküche; und ich weiß, sie meint dich.

Gestern traf ich Sandra im Supermarkt. Sie hat vor bald zwanzig Jahren mit mir ein Seminar besucht. Sie wusste es. Nach einem Jahr hat sie die Gedenkanzeige gelesen.

Sie konnte nichts sagen. Sie stand zwischen den Käseaktionen und der Milchtruhe. Tränen rannen über ihr Gesicht, als ich von dir erzählte. Das war so gut für mich; diese Tränen von ihr für dich.

Erinnern will ich mich, Rosanna, durch einen unserer Frühlinge will ich nochmals wandern: Nach dem langen Bergwinter fuhren wir gerne in den Süden. Einmal sind wir über einen hohen Pass gefahren mit dem

Postauto. Ihr hattet alle Fieber, Andreas, Selma und du. Deine Wange war geschwollen von einem Eiterzahn, und ich hatte dir ein Wolltuch um den Kopf gebunden. Auf der Bahnhofstoilette schautest du in den Spiegel und musstest lachen. „Wie Pippi Langstrumpf", sagtest du.

Als wir im Ferienhäuschen ankamen fiel Schnee in großen Fetzen, und wir gingen alle schlafen. Am Morgen brachte uns die Vermieterin einen Krug mit frischer Milch. „Für die bambine", sagte sie, „für die Mädchen."

Ihre Worte bringen mich noch jetzt zum Weinen.

Wir erholten uns schnell. Der Schnee war nur ein Spuk, und obwohl es noch kühl war, brach in den Wäldern in wenigen Tagen das junge Laub hervor. Das Wort „Liebreiz" höre ich, wenn ich euch sehe, dich und deine Schwester, hüpfend auf der grünen Wiese, immer in wollenen Leibchen und Höschen, tanzend, lachend und singend. Es war das Ende deiner Kindergartenzeit. In jenen Tagen war der Frühling wie eine dritte große Schwester, die euch in ihrem Reigen entführte. Täglich gingen wir die gleichen Wege am Hirschgehege vorbei. Ihr pflücktet Buschwindröschen, die in euren kleinen, heißen Händen bald die Köpfe hängen ließen.

Einmal gingen wir zum Forellenteich. Braungebrannte Männer streiften blutige Fische von ihren Angeln und ließen sie im Gras zucken und verenden. Ich konnte euch nichts erklären. Das Schreckliche war irgendwie gewöhnlich.

Später hielten wir einander an den Händen. Wir rannten zu viert den Abhang hinunter und ließen uns ins Gras fallen.

März

Ruß liegt auf den Blüten und toter Schnee.

Im November muss ich dich empfangen haben. Ich hatte aber ein Sommergefühl in mir. Ein Jahr später konntest du bereits auf Andreas' Knien sitzen, während er Klavier spielte. Du drehtest das Köpfchen zu mir und sahst mich ernst aus dunklen Augen an. Ich kochte Brei, und in all der Süße sprang uns manchmal ein Entsetzen an: Die Hündin erstickte im Staub. Und um das Gehöft talwärts taumelte die psychisch kranke Frau, zerzaust, mit aufgelöstem Haar, nackter als nackt in ihrem weißen Hemd. In der Scheune leckte sie die großen runden Steine ab.

April

Einunddreißig Monate zähle ich seit deinem Sterben.

Die Ferien haben angefangen. Gerade jetzt ist mir, als lebtest du jederzeit mit uns: als könntest du mit einem Strauß Narzissen hereinkommen und aus dem grünen Becher trinken. Noch immer bist du zu Hause auf unserem graublauen Sofa, mit verschränkten Beinen sitzend, lesend, lachend.

Wir fahren nach Mont Sapin. Der Zug fährt in die südliche Weite. Warmer Regen hat die Weiden erfrischt und die schwarzen Kühe glänzen und fressen. Weißdorn blüht in den Auen, die Rhone geht hoch und träg. Das Land schmiegt sich wie verdünnt in Licht und Schatten. Hier hast du, ahnend vielleicht, an deinen Traum gerührt.

Ob wir mit dem Fuß auf dieser Erde deinen Himmel finden? Trümmerwolken ziehen über das Industriegelände, weißer Kunststoff schwimmt im Brackwasser. Auerhahn und Veilchen blitzen in den Hecken.

Regelmäßig fahren wir zu diesem Ort, als hättest du uns hier noch etwas mitzuteilen. Der Taxifahrer kennt uns. Beim letzten Mal haben wir ihm alles erzählt, und er ist wie die meisten Leute einen Schritt zurückgetreten. Ehre erweist er uns, als ob wir etwas geleistet hätten. Wir haben aber nichts geleistet und stehen nackt in dieser Größe, die uns nicht zusteht.

Wir durchschweigen das Geschrei im kalten Gold des Mittags. Dein Atem noch immer, wohnt hier näher als unser Herzschlag. Wir räumen Verdorrtes und Zerbrochenes weg, stellen neue Kunstblumen auf und ein paar frische Rosen. Wir ordnen das äußere Bild unserer Verlorenheit.

Was treibt uns, herzukommen immer wieder, in den Schatten der Kühltürme und uns den Keulenschlägen der Straße auszusetzen? In dieser

Bruchstelle vermuten wir dein letztes Wort, ein Lächeln in deinem zurückgewendeten Blick, dein Fallen in diese endgültige Klarheit. Das wollen wir teilen, vielleicht.

In der Dunkelheit seid ihr gefahren, als jene Scheinwerfer aufleuchteten. Ob noch ein Tanzen um euch war, ein letzter Akkordeonklang, Essensgeruch?

Im Zug fürchtete ich mich schon Minuten zuvor vor der Ortsdurchsage „Mont Sapin". Beim Aussteigen hörte ich ein Lachen wie von Aline.

Oben im Steinbruch blühen schwarze Orchideen. Zwiespältig ist es hier im ginstergelben Frühling. Schwalben nisten in den Felsspalten und verschossene Munition liegt herum, Abfall und Autoreifen. Ein Zitronenfalter taumelt nach vereinzelten Blüten.

Marienkind, Marienkind, Marienkinder in den schwarzen Grotten.

Mooswil

Der Karfreitag ist grau mit Hochnebel. Blaue Zwergiris stehen zerzaust und nass im dünnen Rasen. Wir waschen den Ruß von den Wänden wie im Kinderlied. Ich tauche den Schwamm in den Eimer und fege und würge an den wirren Träumen, die das Schreckliche überwachsen. Wie eine verschlossene Kapsel steckt mir der Tod im Hals.

Ich male mit dem Schwamm eine Blume auf die verrußte Wand.

Eisvogel

Tag für Tag fahren wir zum Fluss und wandern mit dem Wasser meerwärts. Das Fließen trägt uns. Einen beträchtlichen Teil der Schwere übernimmt der Fluss, wenn wir an seiner Seite gehen. So wollen wir wandern für immer und im Abschied zu Hause sein. Sogar an den Abenden brechen wir noch leichtfüßig auf durch Auen und Lerchensporn, am Rand der Kläranlagen. Wasservögel sind am Brüten. Das Leben pocht an allen Grenzen.

Aufrecht gehen wir in deine Richtung.

Am Tor zum Atomkraftwerk stand ein Reh, das uns ansah und nur zögernd flüchtete. Zwei Reiter führten ihre Pferde ins seichte Wasser.

Wir sind fast süchtig nach dem Gehen am Fluss.

Erinnerungsbilder tauchen auf.

Am Tag deiner Urnenbestattung standen wir unter dem Dach der Friedhofverwaltung. Ich sah mir selbst halb von der Seite zu: in unendlicher Entfernung diese fremden Füße in den vertrauten Schuhen. Die Wörter und das Schweigen der anderen brannten in den Ohren. Alles war zugleich falsch und zutreffend.

An deinem Grab sang Marc das Lied von der Mutter Erde. Ich entfernte mich in rasendem Tempo von allem gut Gemeinten. Die Sonne schien plötzlich warm und hell.

„Die Sonne hat auch „ja" gesagt", sagte die Pfarrerin.

Das Wort „auch" war mir vollkommen unverständlich. Ich war angekettet an das „Nein", an dieses vollkommen wirkungslose, alles zerfleischende, Sonnen verzehrende „Nein".

Im Garten entfaltet sich eine Blüte, ein „tränendes Herz", rot und weiß.

Ich taste nach dir. Ich berühre mich selber mit deiner Hand. Die Botschaften liegen irgendwo unten wie verlorene Briefumschläge mit schmutzigen Fußabdrücken. Hundertmal bin ich darüber gegangen und habe sie nicht aufgehoben.

Andreas hat eine normale Stimme und eine Telefonstimme. Die normale Stimme ist weiß von der Trauer. Die Telefonstimme ist munter, Anteil nehmend.

Andreas ist müde von den zwei Stimmen. Er hat Asthma.

„Wir bleiben immer zusammen in diesem Zimmer", dachte ich gestern Abend, als ich wach lag. Dieser Gedanke gab mir Trost und ließ mich einschlafen.

„Heute geht es uns besser", sagte Andreas in der Frühe. „Heute ist der vierundzwanzigste, das ist unsere Zahl."

Nach der Arbeit haben wir uns am Fluss getroffen. Wir haben uns rennend Mut gemacht. Vielleicht würden wir den Eisvogel sehen.

Gestern ist Elisabeth gekommen, aus Kanada. Sie ist meine beste Freundin, trotz der Entfernung. Ich kochte Reis und wir aßen, tranken, weinten, schwiegen. Ab und zu lachten wir ein wenig, erstaunt ob der plötzlichen Heiterkeit im Gewicht unserer Lebensgeschichten. Die Wirklichkeit war zum Einatmen dicht. Ich hatte Blüten vom „Frauenherz" eingestellt.

Spät haben wir gelernt, dass auch uns das Schrecklichste geschehen kann.

Wir haben die Fotos angeschaut von eurer Reise, Rosanna, Ferienfotos mit Meer und Schilf und Steinen, Sandkörner auf eurer schutzlosen Haut und eure Hände zusammen in diesem Sand, die Hände von euch drei jungen Frauen.

Grün drehten sich die Räder heimwärts an eurem bunten Wägelchen. Ein verirrtes Geschoss traf in euch, einfach so, ohne Krieg und Sirenen. Ihr hattet keine Chance, Aline und du.

Es ist drei Uhr. Aus den Wolken wachsen helle Strahlen herab. Ich gehe zu Dieter und Marianne.

Wochenende

„Gehen wir?", fragte Andreas.

„Zum Fluss?", fragte ich, und wir folgten der Einladung.

Wir streiften in den Auen herum, die sonst überflutet sind. Milane ließen uns aufblicken. Zu zweit glitten sie hoch im letzten Licht. Wir setzten uns auf den Felsen. Da schoss er vorbei, eine blitzblaue Kugel, der Eisvogel. Andreas sah mich staunend an. „Du bist glücklich", sagte er.

In der Stille sagte jemand zu mir: „Einfach gut leben."

Die Wahrheit ist leise. Ich muss mich zu ihr umwenden wie zu einer Blume.

Die Wahrheit beweist sich nicht. Man findet sie auf offener Straße, aus Ritzen und Gedichten glüht sie herein. Manchmal ist sie rötlich und weint.

Drüben steht ein „Nicht-Haus" zwischen hohen Profilen aus Holz. Nichts wird gebaut vorläufig. Das Pferd kommt vom Brunnen mit tropfendem Maul.

„Einfach gut leben", ist schwer. Als ich nicht aufpasste, habe ich Streit angefangen.

Vor ein paar Jahren hast du mir einen kleinen Bergkristall geschenkt. Du hast ihn selber in einen Anhänger gefasst. Ich trug ihn jeden Tag. Einmal bist du von W. heimgekommen und sahst sofort, dass die Spitze abgebrochen war. Ich hatte es noch nicht bemerkt. Wir erschraken beide und versuchten zu scherzen. Es war ein feiner Kristall, und ich war wohl irgendwo hängen geblieben. Dennoch war etwas geschehen, und der ganze Abend war irgendwie von diesem kleinen Unglück eingenommen.

Ich möchte dir noch einmal danken, Rosanna, für dieses besondere Geschenk.

Auch deine letzten Geschenke habe ich noch: Johanniskrauttropfen, um die Seele aufzuhellen, und die Packung vom „Gute Laune"-Tee.

Wir gehen am gleichen Fluss, Rosanna, jeder auf seiner Seite.

Und das Meer, sehr weit kann es nicht mehr sein.

Mai

Andreas hat schon am frühen Morgen geweint.

In den Stadtbussen war ein Plakat aufgehängt: „Damit sie keinen Mord verpassen", hieß es darauf. Einem „Messerfach" aus Karton konnte jeder einen Zettel entnehmen mit den Krimidaten am Fernsehen. Selma dachte an ihre Schulkinder und war entsetzt. Sie schrieb der Zeitschrift einen eingeschriebenen Brief. Die Verantwortlichen gaben ihr Recht und ließen die Plakate sofort entfernen. Du freust dich mit Selma darüber, Rosanna. Da bin ich mir sicher.

„Ein Reiher steht im Bach", sagte Andreas, als er zur Tür hereinkam. Wir gingen zum Steg, da flog er über uns auf. Wir hätten die graublauen Beine berühren können.

Am Fernsehen wurden Bilder aus dem Erdbebengebiet gezeigt. In den Trümmern brannte Licht, und eine alte Frau weinte vor der ganzen Welt.

Selma träumte von einem blinden Mann: *Er pflügte den Acker oberhalb der Unfallstelle. „Man muss sehr tief und langsam pflügen", sagte er, „Rosanna und Aline wollen hier Heilpflanzen anbauen."*

Hoch in Tibet schwebt ein Gebet aus der knarrenden Mühle.

Mai

Einfach gut leben. Nicht nach den Sternen greifen. Der Flieder blüht im kalten Wind. Ich habe zu viel Süßes gegessen. Ich habe mir nicht zu viel vorgenommen. Eher könnte ich mehr tun; eine kleine Sache nach der anderen: Blumen gießen, Protokolle schreiben, ein Kind verstehen, fleißig sein.

Tanja hat mir eine Rose geschenkt.

Schottland

Wir reisen. Wir machen Dinge, die uns früher Freude gemacht haben. Es ist nicht mehr gleich, vielmehr ist es ganz verschieden. Nur das ganz Verschiedene ist möglich. „Jetzt kommst du auf alle Reisen mit", habe ich an deiner Bestattungsfeier gesagt, ohne mir noch etwas vorstellen zu können unter dem Wort „Ferien". Hier in Schottland bist du während deines Englandjahrs in einem Wanderlager gewesen. Zwei Wochen lang wart ihr mit Zelten und Kochtopf im Hochland unterwegs. Es hat immer mehr oder weniger stark geregnet und gestürmt. Das hat dir gefallen. „Ich habe zwei Wochen in keinen Spiegel geschaut", hast du gesagt. Auf den Fotos leuchtet dein regenfrisches Gesicht vor Lebensfreude, und nasse Haarsträhnen kräuseln sich an deiner Stirn. Fast kann man auf dem Foto das grüne Gras riechen und fühlt am Fuß das federnde Moor.

Nun gehe ich durch diese Luft, die zugleich mild und rau ist. Feuchte Winde kommen vom Meer. Die Jahreszeiten sind wie übereinander gelegt. In den Gärten öffnen sich die Rosen zusammen mit den Tulpen und Schwertlilien. An meinem Geburtstag waren wir im botanischen Garten. Rhododendronbüsche bedecken die Hügel in rosa, gelben und violetten Wellen. Sie haben nichts gemein mit den staubigen, gestutzten Sträuchern in unseren Parkanlagen. Blauer Mohn aus dem Himalaja gedeiht unter den Bäumen. Viele alte Bäume sind verstorbenen Menschen gewidmet. An einigen sind Schilder mit einem kurzen Lebenslauf befestigt. Es ist eine Welt aus Blättern, Vogelzwitschern und Knospen. Selbst die Torten im Tearoom sind in Blumenform gebacken. Die Korbsessel sind lindengrün gestrichen und die Leute lächeln, wenn sie durch die niedrige Tür eintreten. Ich habe eine Führung mitgemacht. Die Biologin schaute aufmerksam in die Runde. Sie steckte alle an mit ihrer Begeisterung und fragte die Teilnehmer nach ihren Berufen; lauter Botaniker und Fachleute waren versammelt. Ich kam mir als Außenseiterin vor, doch die Führerin nahm sich meiner besonders aufmerksam an. Sie führte mich ins Dickicht zu einer seltenen Form von weißen vierblättrigen Pfingstrosen.

Mir war, als schlüpftest du mit mir unter den Zweigen hindurch, während die ehrwürdigen Damen und Herren auf dem Weg warteten.

Gestern habe ich das Meer gefunden, Rosanna. Ich stieg mit meiner Touristenkarte in den Bus und fuhr ohne Ziel bis zur Endstation. Am Ende der kleinen Straße begann der Strand. Es war Ebbe und ich lief barfuß hinaus, dem Ruf einer Möwe folgend, die mich mit menschlicher Stimme rief. Ich sprach laut mit dir, und fand eine große gezackte Muschel für Selma und viele kleine mit Rillen und Mustern. Plötzlich spürte ich die Flut, die kühl um meine Knöchel kroch.

Am Nachmittag sind wir nochmals hinausgefahren, Andreas und ich. Wieder war Ebbe. Es war sommerlich warm, als wir im Abendlicht mit vielen anderen Leuten zu einer kleinen Insel hinaus wanderten. Der Sand war noch feucht von der Flut und auf der Insel blühte Ginster in deinen Farben, Rosanna: orange, rot, gelb, violett.

Der Eisverkäufer hatte seine Bude geöffnet. Er feierte den ersten warmen Frühlingstag.

„It's extraordinary, this weather", sagte er zu jedem, dem er einen Becher rosa Eiscrème reichte, damit wir ihn ja schätzen sollten, diesen lieblichen Abend im Mai, den Muschelgeruch und die grünen Wiesen und Wälder über dem Strand, die in der Sonne leuchteten.

Wir gingen die Mole entlang. Andreas rief laut deinen Namen.

In diesem Augenblick kam uns das Mädchen entgegen, das in unserem Hotel Frühstück serviert. Die junge Frau ging ganz allein unter den vielen Leuten. Sie nickte uns zu, lächelte und ging weiter. Sie heißt wie du, Rosanna.

„Lass es einfach fallen", sagte ein östlicher Meister zu seinem Schüler, als er mit 28 Jahren von den heftigsten Zweifeln überfallen wurde; „Lass es einfach fallen!"

Der Fünfuhrbus dröhnt in der schmalen Allee. Wir fahren zum Flugplatz.

Mooswil

Wie schnell diese Bilder verblassen: Schottland, die Kirchen, die Rosen, das Meer. Vielleicht sind wir, mehr als wir glauben, im Wachen träumend und im Träumen wach.

Ich schreibe die Schulberichte. Ohne rechts und links zu schauen, beschreibe ich die Entwicklung der Kinder gemäß dem Beurteilungsraster. Ich verrichte diese Arbeit wie eine sportliche Leistung. Das Raster ist formal aufgebaut. Ich staune, wie mir die Kinder bei dieser nüchternen Arbeit ganz lebendig werden, als sei die gewonnene Klarheit ein Fenster auf das geheimnisvoll Wachsende.

Dazwischen schneide ich das Gras im Bachgarten, kniend mit der Heckenschere.

Ich wechsle immer hin und her zwischen dem Gras, kinästhetischer Wahrnehmung und Körperschema.

Deine Minze ist verkümmert, Rosanna. Nur ein paar magere Spitzen treiben aus der feuchten Erde. Tiere müssen die Pflanzen beschädigt haben, Mäuse oder Käfer. „Schädlinge", sage ich erbost. Die Akeleien hingegen haben sich vermehrt in den schattigen Beeten. Ihre violettweißen Blüten wiegen sich im kleinsten Wind.

Unser Leben gewinnt noch immer unerwartete Richtungen. Andreas wird an einem neuen Ort arbeiten, näher an Sprache und Philosophie. Ich freue mich für ihn, mit dir, Rosanna.

Im stehenden Wasser gehen wir unter. Das Strömende trägt.

„Im Strudel auf und ab, erkennst du ewigen Reichtum", hast du in einem Gedicht an deine Schwester geschrieben. Heute Nacht ist Selma im Traum übers Wasser gegangen. „Wenn dich ein Wirbel erfasst im Fluss, darfst du dich nicht wehren", riet mir ein geübter Schwimmer. „Du musst dich fallen lassen bis zum Grund und dich dann abstoßen und auftauchen. Dieses Abstoßen geschieht fast von selbst."

Das Wissen um das Wunder und die singenden Wälder mit ihren Quellen und Schachtelhalmen, das Wissen um den Tod, das Wissen um das „Nicht-Wissen" und um die Sonnen in der Nacht, das Wissen um die Zuversicht, die aufscheint aus der Verwundung, dieses Wissen um den

Berg und den Wind und das Wachsen, dieses Wissen kommt nicht von ungefähr. Auf der Grenze zwischen hier und hier webt sich mein Wort.

Die Schwelle klebt mir an den Füßen. Ich laufe und laufe, bis sie zurückbleibt. Zwei Vögel fliegen Seite an Seite. Ich will in den Fluss steigen, die Strömung einholen, schweigen.

Im Rosenpark sitzt ein alter Mann auf der nassen Bank. Er hält ein Stück Kuchen in jeder Hand. Er wechselt immer ab: rechts abbeißen, schluchzen, links abbeißen. Plötzlich hält er inne und schaut zum Tor, als müsste gleich jemand kommen.

Auf Malta wachsen kleine gelbe Iris. Es war noch vor deinem Sterben, als wir dort durch fremde Gärten gingen. Es roch nach Auspuffgasen von den vielen Autos, auch abseits der Straße. Wir sahen die türkisblauen Postkartenboote am Strand und eine tote Schwalbe. Sie lag im Gras auf dem Rücken, ein kleiner Blutstropfen klebte an den Brustfedern. Sie war so tot, dass sie sich kaum mehr glich.

Gestern habe ich mitten in der Stadt durch die Mauer gesehen. Ein Kind lag in der Wiege: ein schlafendes Gesicht, links und rechts eine kleine Faust auf dem Kissen.

Ich ging rückwärts über die Straße und habe die Stelle doch aus dem Auge verloren.

Wermut

Juni

Unter den Kastanienbäumen hat mich wieder ein Sturm angefallen.

Unter Kastanienbäumen haben wir viel Frohes gehabt, Rosanna: Hier hast du dein erstes Eis gegessen mit einem kindlich kleinen Schmatzgeräusch, Himbeereis aus einer faden Waffel, die ich fertig aß. Diese Waffeln erinnern mich immer an geweihte Hostien. (Überhaupt habe ich immer viel fertig gegessen von dir: Gemüsebrei, Grieß und zerdrückte Banane). Später habt ihr Schwestern euch drüben auf dem Spielplatz vergnügt, mit Schaukeln und Rutschen und ein wenig Streiten, während Andreas und ich Espresso tranken unter den Kastanien. Rosa Blütenblätter schwebten herunter auf die Tische und aufs Kies, die Ränder waren bereits braun. Euer Lachen und Rufen aus der Ferne gab unserer Liebe eine neue Tiefe und Seligkeit; ein junges, schönes, strahlendes Elterngefühl.

Wann sind wir das letzte Mal in diesem Land gewesen, Rosanna?

Am Rhein vielleicht, in jenem Sommer vor deiner Reise. Die Sonne schien auf die weißen Gartentische, der Fluss ging breit und leuchtend ohne Laut, und wir hielten inne noch einmal am Rand der Glücklichkeit.

Ich bin hinausgetreten aus dem Schatten der Bäume und aus dem Sturm. Ich bin über die Kreuzung gegangen, wo eine orange Lampe blinkte, weil die Signalanlage ausgefallen war. Ich hörte Bremsen kreischen an meiner linken Seite. Der Fahrer griff sich an den Kopf. Ich schämte mich.

Wir haben eine CD, auf der Hilde Domin liest. Schnell liest sie ihre Gedichte, in einem Atemzug, ist man versucht zu sagen, und immer zweimal:

„Einhorn

… mein Haustier
Freude
wenn es Durst hat
leckt es die Tränen
von den Träumen
wenn es Durst hat
leckt es die Tränen
von den Träumen"

Ich halte das Ohr in den See. Ich lese über Zen-Buddhismus. Ich wehre mich gegen das Eins-Sein. Ich will das Grenzenlose nicht verstehen, weil dieses Loslösen vom „Ich" und vom „Du" mein allergrößter Schmerz ist. Wo ist die Liebe, wenn wir eins sind, ich und du? Wo sind dann die Liebe, das Wort und das Lied? Aus- und einwärts geht ein großes Warten, das die Welt erschafft.

Mit dem 9 Uhr 30–Zug bin ich zum Gartencenter gefahren. Ein Nachfalter klebte starr an der Scheibe und ich freute mich am Nebel. Der Bachgarten soll ein blühendes Zimmer werden in diesem Jahr. Ich kaufte Waldpflanzen. Die Preise sind in Farben angegeben. Rot ist am teuersten.

„So ein schönes Kindlein", hat die fremde Frau gesagt, als sie nach deiner Geburt den Hügel heraufkam, mit Geschenken und guten Wünschen.

Es atmet mich weiter. Die wilden Schreie wurden aufgefangen für diesmal. Ich hörte vertraute Wörter im Kopf: „Alles fallen lassen, alles zerstören oder alles impfen mit Lächeln und Leid." Ich wusste, dass das Wesentliche ausgelassen war zwischen den Wörtern. Was fehlte, sah ich in farbigen Bruchstücken, wie vergitterte Gärten. Ich schrieb unsere Namen in das Buch, das in der Gnadenkapelle auflag.

Wir gingen ein schwieriges Stück am Fluss. Der Weg hörte auf. Andreas wollte umkehren, aber ich bestand darauf, weiter zu klettern durch Nesseln und Dornen. Plötzlich konnten wir nicht mehr weiter, wir hielten uns fest am Gesträuch zwischen den Bahngeleisen und der steilen Böschung. Das Geländer vibrierte, als ein Güterzug vorbeifuhr. Wir kehrten endlich um. Andreas sprach eine Stunde nicht mit mir.

Dann war alles wieder gut. Wir wanderten auf dem Grünstreifen neben der Hauptstraße. Wir wurden nass vom Rasensprenger beim Altersheim. Es war unmöglich, auf die Straße auszuweichen, weil es viel Verkehr hatte. Beim nächsten Dorf sahen wir wieder auf den Fluss. Ich betete für die Ertrunkenen, die mir bis jetzt nicht eingefallen waren auf diesen Wanderungen.

Bellende Hunde liefen uns vor den ersten Häusern entgegen. Über dem Sportzentrum kreiste ein einzelner Bussard. „Poulet im Körbchen" wurde angeboten und dicke rote Schweigelippen zeigten Bordelle an; ein Dorf, wie aufgelöst zwischen Fluss, Fabrik und Supermärkten. Auch Kühe und Ziegen hatten ihren Platz und eine Wiese mit Kirschbäumen, wo ein älterer Mann am Ernten war. „Buchsberg ist eine finanziell gesunde Gemeinde", stand auf dem Ortsplan am Bahnhof. Wir rätselten über den Sinn dieser Worte.

Wir setzten uns auf den Rand der Pflanzencontainer und aßen vom Mandelkuchen, den Tante Claire für uns gebacken hatte. Claire ist Musikerin, am Klavier und in allen Bereichen des Lebens. Bis der Zug kam, sahen wir den Schwalben zu.

Juli

Es ist so kalt und nass, dass wir Feuer gemacht haben.

Nun haben wir S. erreicht. Der Fluss bringt uns weiter.

Gerüche und Schatten tragen mir die Kindheit entgegen: Lindenblüten und heiße Motorräder, Metall und Öl und die graue Stille um das Gehöft an der Nebenbahnlinie, das sich hinduckt in sein steiles Land, und der Güterzug, der dieser Stille seinen starken Rhythmus einprägt. Alles spiegelt sich noch einmal und fließt vorwärts in ein neues Hoffen.

Die Pflanze „Rühr mich nicht an" gedeiht üppig unter der Buchenhecke. Sie hat unscheinbare gelbe Blüten.

Am Rand der Kleinstadt hat sich hier die „Szene" eingerichtet. Jeder kennt heute die Bedeutung dieses Wortes. In Gruppen kauern junge Männer und Frauen mit ihren Hunden am Strand, rauchen und heften ihre flehenden Augen auf uns. Der Blick der Sucht ist unverwechselbar, distanzlos und unpersönlich zugleich. Ich sehe meine eigene Verlorenheit darin. In der Bahnhofunterführung geht ein Mann in unserem Alter mit seiner Gitarre auf und ab; er singt laut und aufdringlich. Die Leute streben heimwärts.

S. ist eine Stadt der Konferenzen. Die Qualität des halben Landes wird hier gesichert. Die Tische in den Tagungszentren sind reichlich ausgestattet mit Mineralwasser und zeitgemäßer Elektronik.

Die schwarzen Köfferchen der Tagungsteilnehmer sind allgegenwärtig, und manche Gesichter sind rot geschwatzt von Qualifikationsgesprächen. Man hat sich exponiert und redet entweder pausenlos weiter oder zieht erschöpft die Zeitung vors Gesicht.

Ich habe plötzlich Mitleid mit uns allen, Rosanna.

Wir haben ein Schweigeabteil gefunden; auch hier Schweigelippen mit Zeigefingern, wie an den Bordelleingängen. Der Zug wartet noch, und ich lese auf einem handgemalten Schild über den Geleisen, dass die alte Wirtschaft „Flügelrad" zum Verkauf steht.

Auf dem Friedhof welken die Kränze in der plötzlichen Hitze.

An einem elastischen Seil über der Schlucht kann man am Tod vorbeifliegen.

Ich kann nichts Dunkles von dir schreiben, Rosanna. Die Messer gleiten ab vom lebendigen Atem.

„Meine kleine Nachtmusik" bist du, wie am ersten Tag. Zum Tanzen sind wir geboren, zum Tanzen und zum Trösten. Alle Kinder gehen durch das Blut der Mütter.

Der Garten ist dieses Jahr karger als sonst. Die Kapuzinerblüten nehmen es mit den Sonnenblumen auf. Am späten Nachmittag habe ich im

Dorfladen Aprikosen gekauft und Halbpreis-Berliner. Ein weißhaariger Mann hat eine Frau angesprochen. Er verwechselte ihren Namen und entschuldigte sich umständlich, was ihr peinlich war. Sie wandte sich ab und er eilte ihr nach, als wollte er sie festhalten: „Ich gratuliere Ihnen", sagte er, „ich gratuliere. Sie haben ihr Leben im Griff." Die Frau entwand sich endlich entlang der Fruchtregale.

Nur wenig war die Wahrnehmung des Mannes verschoben, dass er die Spielregeln nicht mehr einhalten konnte. Ich fühlte mich solidarisch mit ihm.

Ich widerstand der Versuchung, alle Produkte mit L von den Regalen zu nehmen und vor der Kasse aufzuhäufen: Lattich, Leberwurst, Lachs und alle Light-Produkte. Vergnügt stellte ich mir das Gesicht der Kassiererin vor. „Kindskopf", sagte ich laut zu mir.

Andreas und ich waren an jenem Ort in den Bergen, den du für uns in Sichtnähe bewohnst. Abseits der Wege ragten Felsköpfe auf, Schrundengesichter und Höhlen.

Plötzlich flog ein Adler auf. „Er hob seine Schwingen" ist der angemessene Ausdruck. Ich fand mein erstes Edelweiß, pelzig und unregelmässig gezackt, und sah plötzlich Hunderte davon, einen Teppich aus Edelweiß, über den wir ehrfürchtig gingen. Die Murmeltiere warfen Gesteinsbrocken aus ihren Höhlen. Sie beachteten uns nicht.

Ich legte mich in eine Senke, die vom Thymianduft gesättigt war, schlief ein wenig und biss ins Wachholderholz.

In der Nacht lagen wir mit den Beinen im winzigen Zelt, sahen draußen am Himmel ein Gewitter vorbeiziehen, Sonne, Mond und Sterne und die Milchstraße; in der Frühe erwachte ich vom Tau.

Am Morgen schleppten wir uns mit den schweren Rucksäcken die blühenden Berge aufwärts und abwärts bis zur Erschöpfung, als ginge es um dein Leben, Rosanna.

Wir kauten Wermut, kleine Spitzen zupften wir von den Büschen. „Wermut", sagte ich, „bitteres Silber."

Jetzt kommt schon wieder ein August. Wenn ich in der Schule mit den Kindern das Lied von den Monaten singe, will ich immer den August auslassen. Tod und Geburt sind übereinander gelegt in der unerträglichen Größe dieser Tage.

Ich glaube, es war mein Vater, der mich gelehrt hat, wie man verlaufene Käfer rettet: Man lässt sie auf ein Blatt klettern und trägt sie behutsam ins Freie.

Als kleines Kind bin ich mit meinem Vater auf den Kirchturm gestiegen, Stufe um Stufe die gewundene Treppe hinauf. Als wir auf der Höhe der Glocken waren, begannen sie unerwartet zu läuten mit aller Kraft. Das geschieht, wenn wir heraus gerissen werden aus der Haut und dann in der Stille, die zuschlägt, eingemauert.

Puppengesicht, Sprechautomat: „Haben wir alle Adressen, Adressen, Adressen und Blumenkohl, Blumenkohl, Blumenkohl, durchgestrichen, Käferfalz, falzen, Käfer falzen."

Vater hat mir die Schuhe ausgezogen und die Strümpfe. Er hat mich auf seine Schultern gesetzt und meine nackten Füße festgehalten. Ich weinte auf seinen Kopf.

Dann muss ich eingeschlafen sein. Als ich erwachte, waren wir zu Hause.

Echo im Kreis

Die Felswand. Der Falke. Das Wort.

Der Holunder nimmt mich in seinen Schatten, knorrige uralte Stämme, an denen es bald blühen wird, bräutlich weiß.

Ich säge die dürren Äste ab und werfe sie zum Brennholz.

Ich sitze und lese, Rosanna, in einem Buch über den Weg zum Glück, und habe doch selber vom Leid geschrieben, das mir größer erscheint, klarer, wahrer, endgültiger.

Das Leid deines Fernseins, Andersseins, das weggerissene Fleisch, der zerschnittene Atem, das abgestürzte Wort.

Der Schatten der schwarzblauen Akelei wandert auf der weiß gekalkten Kapellenwand.

Alle Blüten und Gedichte sind mir jetzt vom inneren Rand her von Bedeutung. Was ich verstehe vom Falter, vom Fels und vom Falkenflug, weiß ich von deiner Seite der Welt.

Preisgegeben sind wir alle, die Hassenden und jene, die getötet werden aus heiterem Himmel, die Lauten und die Leisen und die Liebenden in jeglicher Nacht.

Rätselvoll sind wir hierher geraten, während die Eismaschinen Vanille mit Milch vermischen, Vulkane explodieren und die Schwalben durch das Mückensilber gleiten.

Worauf es ankommt, vielleicht: die Strömung nicht zu verlieren. Und wie viel wir beeinflussen können?

Ich säge die dürren Äste ab und werfe sie zum Brennholz.

An Bomben muss ich denken, die Kinderwagen zerfetzen mit den Milchflaschen und dem rosa jungen Atem darin, blinde Geschosse, die den Müttern die Arme abreißen, dass die verbluten im Teer, während im nahen Garten eine Nachtigall singt und sich eine Rosenknospe öffnet dem ersten Frühlicht, als wäre nichts geschehen.

Das Leid ist mir die größte der Fragen, Rosanna. Vielleicht macht uns nur dieses Wohnen im immerwährenden Abschied fähig, das göttliche Wort zu schmecken, vom Honig die Süße und den Puls der Brandung.

Teil der Wälder und Wüsten sind wir, und beinahe wären wir dieses alles und gingen mit Fell bedeckt und trügen ein totes Kalb im Gebiss. Aber etwas von uns ist außerhalb des großen Reigens, etwas schaut von weit innen zu und kreist zugleich um alles, wie ein von Gott vergessener Stern, abgesplittert, hinausgeschleudert und preisgegeben dem Bösen, dem Leid und der Liebe.

Denn das Leid ist bedingt durch die Liebe; dieses verletzliche Band zum „außen von mir", das immer bedroht ist und weiterwill und strahlt und singt, ein Orgelgestirn, das in sich selbst heimkehrende Wort.

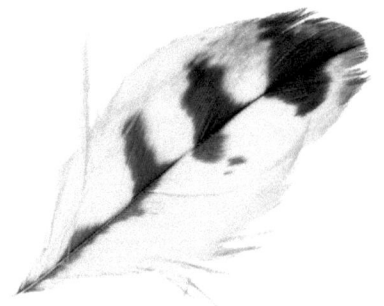

Nachworte

Milch

Auf unserem Weg zum Meer kamen wir in T. vorbei. Ich kaufte Wasser und Orangenlimonade am Automaten im Bahnhof. Polternd fielen die Getränke aus dem Fach. Die Metallklappe klemmte und ich konnte die Flaschen nur mit Mühe herausklauben. Als ich mich umdrehte, stand eine ältere Frau hinter mir. Sie war blass mit rot geschminkten Lippen. „Gibt es hier Milch?", fragte sie und streckte die Hände in meine Richtung.

„Nein", sagte ich und ging zum Ausgang. „Sie könnte es sein", dachte ich. „Sie ist etwa in dem Alter. Sie könnte die Frau sein, die den Unfall verursacht hat."

Ich setzte mich zu Andreas in den Schatten. Ich sagte nichts. Wir tranken und ruhten uns aus nach der langen Wanderung. Die Sonne schien, und am Ende der Straße ließ ein Knabe Seifenblasen steigen.

Ich bin mir sicher, dass jene Frau beim Automaten nichts mit dem Unfall zu tun hatte. Aber als sie mich ansprach, wurde mir plötzlich bewusst, dass es noch jemanden gibt, der teilhat an unserem Weg. In meinem Tagebuch findet sich kaum ein Wort über sie. Wir kennen sie nicht. Wie sie lebt mit diesem Schatten, bleibt ihr Geheimnis.

Nacht

In all den Jahren bin ich einige Male Menschen begegnet, die ein Kind verloren haben. Und obwohl ich das gleiche Leid erfahren habe, ist es für mich nicht einfach, ihnen angemessen zu begegnen.

Immer, wenn ich mit trauernden Menschen spreche, wächst meine Achtung vor jedem, der es damals gewagt hat, den festen Boden zu verlassen und mit uns ein Stück durch diese Nacht zu gehen. Danke.

Steine

Du warst zwanzig Jahre alt, Rosanna, als ich dich in V. besuchte. Du hast dort im Krankenhaus gearbeitet.

Wir gingen Hand in Hand am See und hoben bunte Steine auf, die in der Sonne glänzten. Wir rannten und lachten und die Möwen machten ein Gezeter über dem Steg, wo jemand alte Brötchen zurückgelassen hatte.

Später hast du aus den Steinen ein Bild gelegt für mich.

Ich betrachte das Bild.

Ich sehe dich am Ende der Straße, die hinaufführt zum Steinbruch, tanzend mit den Blüten und Schmetterlingen.

Vor ein paar Wochen kamen wir an einem kleinen grauen Felsblock vorbei, daneben stand ein Kreuz aus groben Holzplanken. Jemand hatte eine Botschaft eingeritzt: „La pierre qui danse".

Gehen

Sechzehn Jahre sind vergangen.

Wieder ist September. Auf den Feldern stehen die verblühten Sonnenblumen, schwarze Königinnen im hellen Herbst. Wie weiter, hier?

Gehen. Gehen einfach. Im Abschied zu Hause sein.

Herbst 2017